愛とラブソングの哲学

源河亨

光文社新書

まえがき

　ラブソングは世の中にあふれています。多くの人がよく耳にするポピュラー音楽の歌手は、何かしらのかたちで「愛」について歌っているでしょう。あなたの好きな歌をいくつか思い浮かべてみてください。その歌詞には「愛」「恋」「好き」「ラブ」といった言葉が出てきているのではないでしょうか。

　なぜ人はこんなにもラブソングが好きなのでしょうか。なぜミュージシャンは歌で愛を表現したくなり、なぜリスナーは愛を表現した歌を聴きたいのでしょうか。

　こうした疑問に答えるためには「愛とは何か」を理解する必要があります。というのも、ラブソングは愛をテーマにした歌であり、その点で他の歌から区別されるものだからです。愛を歌っていないものはラブソングではないですし、愛について少しでも語っていればラブソングと言える余地が出てきます。「ラブソングの本質は愛だ」と言ってもいいでしょう。

そのため本書の半分は「愛とは何か」の考察にあてられています。タイトルに「哲学」という言葉が入っていますが、本書では、心理学・脳科学・生物学・歴史学・社会学・人類学など、幅広い分野の研究成果を用いて愛を理解しようと試みます。できるだけ詳しく説明するので、どれについても前提知識は必要ありません。かなり包括的な話になるため、本書は、愛そのものについて知りたい人にも興味深い内容になっていると思います。

愛を考察した後、「ラブソングとは何か」という問題に取り組みます。そこでは音楽学や音響心理学の研究が新たに登場しますが、本書の前半で取り上げたいろいろな研究の成果も利用します。そのため本書は、ラブソングの歌詞や楽曲だけに注目した考察とは少し違った視点を提供できると思います。

それでは、愛とは何か、ラブソングとは何かについて考えていきましょう。

愛とラブソングの哲学

目次

まえがき……3

導入 哲学とは何か……11
——知識への愛
知識の探究／批判的吟味／哲学に答えはない？／愛と恋の違い

第I部 愛とは何か……30

第1章 愛は感情なのか……35
——潜在性
正の感情と負の感情／愛の苦しみ／感情と並行する愛／感情による評価／素早い評価／感情の身体性／潜在性と顕在性／感情の顕在性／愛の潜在性／愛の持続時間

第2章　愛に理由はあるか……63
——無合理性
合理性と理由／感情の合理性／理由と選択／代替不可能性／理由と説明／愛の無合理性／愛はどのように生まれるのか／愛とアイデンティティ／アイデンティティは理由になるか

第3章　愛は本能なのか……93
——進化生物学
激しい恋／落ち着いた愛／子孫を残す仕組み／生物学的な無合理性／同性愛行為／生物学的説明の限界／永続性の理想／パートナーは何人？

第4章　愛は普遍的か……119
——歴史社会学
中世の宮廷風恋愛／愛と結婚は別物／近代の市民家族／日本の状況／ロマンティック・ラブ・イデオロギー／社会的な無合理性／

生得主義と構築主義／愛の神秘性

第5章 愛に本質はあるか……145
——症候群

人為的カテゴリー／かぜ症候群／愛の諸症状／さまざまな愛のかたち／家族的類似／愛が生み出す混乱／愛は幻想？

第Ⅰ部 まとめ……172

第Ⅱ部 ラブソングとは何か……176

第6章 愛は音で伝わるか……181
——類似性と連合

愛を感じる楽曲／楽曲の感情と聴き手の感情／喋り方との類似点／類似性知覚の普遍性／感情伝染／感情を込めた演奏／音響的特徴の限界／

音楽とノスタルジー／連合の力

第7章 愛の言葉はどう響くのか……209
——学習と共感

教材としての歌／歌による愛の伝道／歌は世に連れ、世は歌に連れ／歌にする利点／冗長性と反復／歌詞への共感／思いの代筆／共感の役割／ラブソングの効果／私物化のしやすさ／ポピュラー音楽と美的経験

第8章 失恋ソングは失恋の傷をどう癒すのか……239
——記憶の改変

負の感情のパラドックス／感情の埋め合わせ／よくわからない「カタルシス」／私物化の効果／涙の効果／楽曲の効果／言葉と記憶／記憶の改変／恨み節／哲学の役割

第9章 なぜラブソングは歌われ続けるのか……267
——対談 feat. 原田夏樹（evening cinema）
ラブソングが多い理由が説明できない／人と人との関係が描ける／恋愛をテーマに選ぶ理由／歌はどうやってできあがるのか／他にはない歌の良さとは／誰かが聴いて初めて作品になる／聴き手は何を求めているか／日本にはどんなラブソングが多い？／障壁と物語／ラブソングの広がり／恋愛で多様な感情を描ける

第Ⅱ部 まとめ……296

あとがき……301

参考文献……311

目次・章扉作成／熊谷智子
本文図表作成／デザイン・プレイス・デマンド

導入

哲学とは何か

——知識への愛

知ること愛することそれすなわちフィロソフィア
なら誰かを愛している人　みんなが哲学者

フィロソフィーのダンス／フィロソフィア

本書はタイトルの通り、愛とラブソングについて哲学的に考察します。目的は、愛とは何か、そして、愛とラブソングはどのような関係にあるかを理解することです。

しかし、「哲学」はやっかいな言葉で、いろいろな人がそれぞれ違った意味で「哲学」について語っています。実際に「哲学」がいろいろな意味で使われている以上、「これこそが本物の哲学で、他の哲学は偽物だ」みたいなことは言えません。

ですが、本書が扱う「哲学」がどういうものか、また、どういうものでないのかは説明しておく必要があるでしょう。「哲学」と呼ばれる分野の本を初めて読む人もいると思われますので、少し詳しく説明したいと思います。

本書の「哲学」には重要な特徴が二つあります。それは**知識の探究と批判的吟味**です。

知識の探究

「哲学」と言うと、「昔の有名な人の考えを紹介する」という印象があるかもしれません。

そうすると「愛の哲学」は、愛に関する昔の人の考えを紹介するものだと思う人もいるでしょう。実際に愛は、はるか昔からずっと哲学のテーマになってきました。プラトン、アリストテレス、トマス・アクィナス、デカルト、カント、ヘーゲル、キュルケゴール、ニーチェ、フーコー……愛に関する哲学的考察はたくさんあります。また、キリスト教などの宗教でも愛は重要なテーマですし、フロイトやラカンといった精神分析家も愛について語っています。あるいは、「愛は〝エロス〟と〝アガペー〟に分けられて……」といった話を思い出した人もいるかもしれません。

ですが、本書はこうした話題は取り上げません。というのも、それを解説している本はすでにいくつもあるからです。たくさんあるので、もう一冊増やす必要はないでしょう。

その代わり本書では、主にここ二〇年くらいの、最近の哲学の議論を取り上げます。その理由は、最近の哲学では愛に関する興味深い考えがいろいろ出てきているのに、日本ではまだ十分に紹介されていないからです。

さらに、本書には哲学以外のさまざまな研究も登場します。具体的には、脳科学、生理学、生物学、心理学、歴史学、社会学、人類学といった分野の研究を参照しつつ、愛とは何かを考えたいと思います。

この点に関して違和感をもった人もいるかもしれません。脳科学や生物学は「科学」に属するもので、哲学と科学はまったく別物だと思っている人もいるでしょう。そうした人は「科学で答えの出せない問題に取り組むことこそ哲学」と言うかもしれません。哲学が扱うのは、「人生とは何か」「幸福とは何か」など、科学では解明できそうにない問題ではないか、ということです。

　しかし、哲学と科学が別物という考えは正しくありません。確かに「哲学」にはいろんな種類のものがあるので、なかには科学とは無関係の「哲学」もあるかもしれません。ですが、本書で取り上げるのは、科学と連続した哲学、**科学の研究を積極的に取り入れる哲学**です。「科学と連続する哲学」は意外に思われるかもしれません。しかし実のところ、こうした哲学の方が古くからあるものです。本書の「哲学」は古代ギリシャにはじまる西洋哲学の伝統に属するもので、その「哲学」はギリシャ語の「フィロソフィア」の訳語です。その意味は、「知識（ソフィア）」を「愛する（フィレイン）」です。知識を愛すること、知識を獲得しようと探求することが哲学なのです。この意味からすると、あらゆる学問は「哲学」と言えます。実際、古代の哲学者として有名なアリストテレスなどは同時に科学者でもありました。

　では、なぜ現代ではいろいろな学問分野が分かれているのでしょうか。それは、知識の追求が進んでいくと話が細かくなっていくからです。宇宙について知りたければ宇宙のことだけ研究しなければならないし、生物について知りたければ生物に集中して研究しなければなりません。宇宙を知るためには太陽や星の観察に専念しなければならず、生物の特徴を観察している時間はありません（もちろん、逆も同じです）。このように特定のテーマに集中した研究が進んでいくと、それぞれのテーマごとに独自の研究手法が洗練されていきます。こうして話が細かくなっていき、それぞれの分野は独自の学問になり、哲学から独立していきました。最近だと、心理学が哲学から独立したのが一五〇年ほど前になります。

　では、現代のようにさまざまな学問分野が分かれた後で「哲学」は何をしているのでしょうか。それは、**まだ研究手法が確立されていない問題を検討すること**です。どうやって扱っていいのかまだわからない漠然とした問題を取り上げ、それをどうにか扱うための手がかりをみつけることです。つまり、哲学は「成熟前の科学」と言えます。独自の研究手法を確立させる前段階の作業を行なっているわけです。[1]

　本書のテーマである「愛」も扱いにくいテーマでしょう。私たちの生活にとって愛はかなり重要なものですが、愛とは一体何なのか、それを研究するためにはどうしたらいいのか、なかなか糸口がみつけられません。そこで哲学的な考察が必要になってきます。

　とは言うものの、実際のところ愛のいくつかの側面は、いろいろな学問ですでに扱われています。人が愛を感じるときには、脳をはじめとして身体でさまざまな反応が起きており、それは生理学や脳科学で調べられています。また、愛には性欲や生殖が関わってきますが、子孫を残す仕組みは生物学で研究されています。そして、現代において愛と深い関わりをもつ社会制度として結婚がありますが、愛と結婚がどのような関係にあるか、結婚が愛にどういう影響を与えてきたかは、歴史学や社会学で研究されています。

愛の全体像を理解するためにはこうした研究を統合させる必要があります。ですが、実際のところ統合は簡単ではありません。というのも、それぞれの学問は独自の研究手法を確立させて哲学から独立していきましたが、その独自性のために、他の分野との結びつきがわかりにくくなってしまっているからです。

ここで哲学が必要になります。哲学から独立して洗練された研究を再び哲学のもとに集結させ、愛の全体像をつかみ、「愛とは何か」という大きな問いに対する答えを与えようというわけです（図表1）。

こう書くとかなりの大風呂敷を広げてしまったようにみえますが、要するに言いたいのは、愛を理解するために使える道具は何でも使うということです。さまざまな分野の研究を使った方が「愛とは何か」をより良く理解できるでしょう。

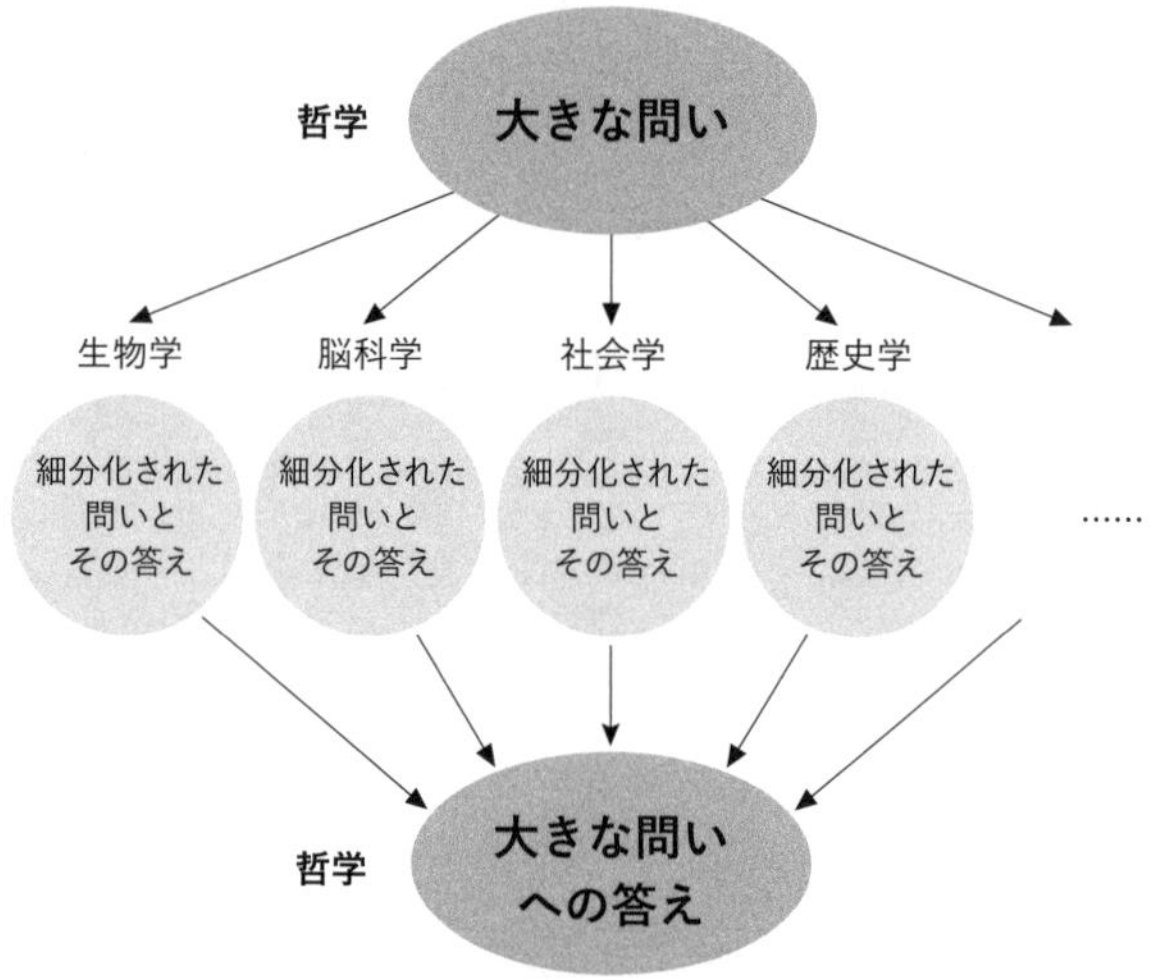

図表１　さまざまな学問を横断して大きな問いに挑む

批判的吟味

本書のもう一つの特徴は「批判的吟味」です。簡単に言えば「その考えって本当に正しいのか」「その主張に根拠はあるのか」といちいち疑問を投げかけることです。何かにつけてケチをつけるようで嫌な感じがしますが、別に嫌がらせをしたいわけではありません。疑問をぶつけるのは、より良い答えを求めているからです。

先ほど、本書の哲学は「知識の探究」を目的としていると述べましたが、それには批判的吟味が不可欠です。というのも、**知識を得るためには、根拠のない憶測や偏見を排除しなければならない**からです。一見正しそうに思える主張でも、疑問をぶつけてみると、反例がみつかったり説明できない場面が出てきたりして、間違いだったとわかることがあります。間違いを防ぐために、いろいろな角度から疑問をぶつけ、主張の確からしさを吟味する必要があります。

　そういうわけで、本書には疑問や反論もたくさん出てきます。愛に関するある考えや主張を紹介した後で、それに対して疑問や反論がぶつけられます。疑問や反論に答えられると、その考えは説得力があると判明するでしょう。逆に、答えられなければ正しくない考えだったことがわかります。

　こうした批判的吟味は、「経営哲学」などの「哲学」とは大きく違っています。「経営哲学」と銘打った本では、投資家や社長が自身の経験から編み出した「こうすればお金をたくさん稼げる」「会社がうまくいく」という方法やノウハウが説明されています。その意味での「哲学」の場合、著者の考えが批判されることはないでしょう。何か成功のヒントを掴みたい人が読むものであって、「この考えは本当に正しいのか、反例はないのか」と吟味して読むものではありません。

　著者のノウハウを述べる「愛の哲学」の本では、おそらく「こうすればモテる／恋人とうまくいく」といった恋愛上級者のテクニックが紹介されているでしょう。しかし、本書はそれではありません。先ほど述べたように本書の目的は、いろいろな学問の研究成果を集めて、愛とは一体何なのかを明らかにすることです。本書を読むなかで恋愛を成功させるテクニックが思い浮かぶことがあるかもしれませんが、本書はとくに恋愛指南を目的にしているわけではありません。いろいろな考えを吟味しながら「愛とは何か」という答えにたどり着こうとする本です。

　こうした方針に関して注意点があります。それは話が二転三転する場合があるということです。一見良さそうに思える考えが提示され、しばらく話を広げてみたのに、急に欠点がみつかって駄目になることもあります。そうした場合、「結局間違っているなら話を広げなくてもいいのに」とか「正しい答えだけを教えて」と思われるかもしれません。

　ですが、一見正しそうな考えのどこに落とし穴があるかを理解しておくことも重要です。というのも、**何がどう間違っているのかを理解することで、似たような間違いを繰り返さずに済む**からです。とくに「愛とは何か」という問題に関しては、本当にいろんな人がいろんなことを言っているので、「実はこの手の考えは間違っている」と指摘しておくことも重要でしょう。そうした間違いを取り除いていかなければ、正しい答えにたどり着けないのです。

哲学に答えはない？

先ほど「間違いを取り除かなければ正しい答えにたどり着けない」と述べましたが、この点に違和感をもつ人もいるかもしれません。というのも、ときどき「哲学には答えがない」と言われるからです。哲学では、「愛とは何か」「人生とは何か」「幸福とは何か」といった壮大な問題が取り上げられますが、こうした問題に答えはなく、それぞれが自分の考えをもっていればいいと言われることがあります。

この手の考えに関して注意すべき点があります。まず、「答えがない」というのが「誰かが答えを教えてくれない」ということを意味しているなら、確かに哲学には答えがありません。テスト問題のように、あらかじめ誰かが設定した正解というものはありません。

ですが、それをいったらどの学問もそうです。宇宙がどのようにして誕生したのかはまだ物理学で完全に明らかにされていませんし、生命がどのように誕生したかについて生物学者はまだ答えを出せていません。こうした問題は非常に難しいので簡単には答えられません。

ですが、研究者はみんな、頑張って研究を続けていれば答えにたどり着くことができると考えています。そもそも、答えがないと思いながら研究を続ける人なんて誰もいないでしょう。

哲学も同じで、「人生とは何か」「愛とは何か」といった問題の答えはまだみつかっていませんが、みんな答えにたどり着くために研究をしています。**「難しくて答えがわからない」と「答えがない」はまったく別**なのです。

だからこそ、「それぞれが自分の答えをもっていればいい」「人それぞれ答えが違う」ということでは済まされません。いくら「自分はこれが正しい」と思っても、批判や反論をぶつけられたときに応答できなければ、見込みのない考えとわかります。批判に耐えられない考えは、哲学が求める「知識」に値するものではありません。

確かに、複数の見解が競合し、批判的吟味を重ねても、どちらが正しいのか判定できないことはあります。実際、どの学問分野でも最先端の研究ではそうした状況が起こっています。ですが、それは答えを一つに絞り切れないというだけであって、「それぞれの考えで良い」というわけではありません。

以上のように本書の「哲学」は、批判的吟味を通して最も見込みのある答えを導き出そうとする試みです。そのため、愛に関する含蓄のある格言みたいなものが出てくるわけではありません。むしろ、主張の確からしさをしつこく確かめる作業が主になります。知識の探究にはこうした作業が不可欠なのです。

もちろん、本書で私が提示する考えも批判的検討の対象になります。読者のみなさんは、私が提示する考えを鵜《う》呑《の》みにするのではなく、「これは本当に正しいのか」と考えながら読んでください。そうすると、本書の考えに納得できない部分が何かしら出てくるでしょう。ですがそれは、みなさんが愛についてより深く理解して考えることができるようになった証拠です。

愛と恋の違い

導入の最後に、本書で取り上げる「愛」をいくらか説明しておきましょう。というのも、愛にはいろんな種類があるからです。ここまで説明してきた「知識への愛」もあれば、親子愛、家族愛、友愛、自己愛、人類愛、地元愛、自然愛、神への愛、などなど、いろんな愛があります。

そんななか、本書で取り上げるのは、**恋愛**の愛、別名**ロマンティック・ラブ**です。導入の冒頭で述べた通り、本書は愛とラブソングの関係を明らかにしようとしています。そして、ラブソングの「ラブ」はもちろん恋愛です。

「恋愛」という言葉は「恋」と「愛」からできていますが、よく「愛と恋の違いって何だろう?」という話がされます。そのときには、愛の方が恋よりも重要、**恋より愛の方が深い**、といったこともよく言われます。愛と恋の何が違うのか。これも哲学的な問題ですが、それを考えるためのヒントはラブソングから得られます。いくつか歌詞をみてみましょう。

そのとき僕は不意にそう思ってしまった
この恋は決して愛になれないまま終わる
僕たちはもう二度と逢わない方がいいんだよ
言いたくて言えない　あなたが悲しそうだから
「サヨウナラ」

三代目 J SOUL BROTHERS from EXILE TRIBE／恋と愛

　この歌詞は「恋は成功すると愛になる」という考えを前提としているようにみえます。

「この恋」は「愛になれないまま終わる」としても、別の恋なら愛になっていたと考えられているのではないでしょうか。そして、愛になることが恋の成功であり、愛になれない恋は相手を傷つけてしまうので別れる方が良いと言われているようにみえます。

　こうした考えは次の歌詞でもっと明示的に言われています。

恋は必ず消えてゆくと誰もが言うけれど
ふた通りの消え方があると思う
ひとつは心が枯れてゆくこと　そしてもうひとつは
愛というものに形をかえること

相手に求め続けてゆくのが恋　奪うのが恋

与え続けてゆくものが愛　変わらぬ愛

さだまさし／恋愛症候群——その発病及び傾向と対策に関する一考察——

ここでも、恋は愛になるものであり、なれないなら消えていくものだと言われています。恋のままであり続けることはできないのです。

さらに、恋は相手に求めるもの、奪うものであるのに対し、愛は与えるもの、変わらないもの、という対比もなされています。よく、恋は自分の欲求を満たすためのもので、愛は相手の幸せを願うものだと言われたりします。ここではまさにその違いが歌われているのではないでしょうか。自分の欲求を満たすために他人の恋人を奪うこともありますが、お互いのためを思う愛になれば安定した変わらない関係になると考えられます。

愛と恋がどのような違いをもたらすか、また別の歌詞から考えてみましょう。

疑うのが恋
信じるのが愛
ときめくのが恋
安まるのが愛
似ているようで異なるLOVE or love
一体君にどっちを求めればいいの

Hilcrhyme／愛と恋

この歌詞では、愛と恋は似ているけれども異なるものだと言われています。恋にはときめきという高揚感がありますが、疑いも生まれます。相手は本当に自分のことが好きなのか、本当に自分は相手のことを好きなのか、他人に奪われないか、など、恋に落ちるとさまざまな悩みが生まれます。しかし、愛になると相手を信頼でき、安らぐ関係になれると言われています。また、愛が大文字のLOVEで表され、恋が小文字のloveとなっている点には、愛の方がより大きな、重要なものであるという考えが反映されているのではないでしょうか。

以上からわかった愛と恋の違いをまとめましょう。恋は自分本位なもので、ときめきもありますが、不安や疑いがつきまといます。そして、相手との関係を恋のまま持続することはできません。関係を持続させるためには、恋を愛に変えなければなりません。愛は相手本位なものであり、信頼、安らぎを与えてくれます。愛と恋の違いに関して同様の点を指摘しているラブソングは他にもあるでしょう。

しかし、こうした違いはどうして生まれるのでしょうか。「愛」と「恋」は、ある意味では似つつも、別の意味では大きく異なっています。では、人間にはなぜこうした二種類の心の状態が備わっているのでしょうか。

この疑問に対する本書の回答を提示するのはだいぶ先になってしまいますが、ここで言いたいのは、ラブソングは愛を考えるための良い題材を与えてくれるということです。この疑問も含め、本書では、愛あるいは恋とは何かについて、そして、それとラブソングがどういう関係にあるのかについて、さまざまな分野の研究を駆使して検討していきます。

＊

最後に、用語に関する補足を述べておきます。以下、本書では基本的に「愛」という言葉を使いますが、文脈によって「恋に落ちる」といった表現を用いることもあります。いずれの場合でも話題になっているのは恋愛のことです。恋と愛を対比させたり恋愛と他の種類の愛を対比させたりする場合には、その対比が明確になるよう表記しますが、それ以外は基本的に恋愛の愛のことだと理解してください。

＊1　こうした方針は「哲学的自然主義」とも呼ばれます。詳しくは植原（二〇一七）を参照。

第Ⅰ部

愛とは何か

第Ⅰ部では、まず、近年の愛の哲学で議論されている論点を紹介します。

第1章の主題は「愛は感情なのか」です。日常的な考えからすると愛は感情の一種だと思われるでしょうが、本書ではその考えに反対します。確かに感情も愛に関係しますが、それ以外のさまざまな心の状態や行動も関わってくるため、愛は感情の枠に収まるものではありません。

第2章では「愛に理由はあるか」という問題を検討します。「なぜあの人を愛しているのか」と問われたとき、「優しいから」といった理由が答えられますが、それは本当に愛の理由になっているのでしょうか。本当にそれが人を愛する理由なら、いま愛している人よりも優しい人に出会ったら、新しく出会った人を愛するようになるはずです。しかし、愛はそんなに簡単に割り切れるものではありません。

なぜ愛は理由で割り切れないのか。この疑問から本書は、哲学以外の研究に目を向けることになります。愛が割り切れないのは、遺伝子を残すための生物学的な仕組みや、家族を維持するための社会的な仕組みといったもの、言い換えると、個人を超えたところで成り立つ物事に影響されているからだと主張します。

第3章では愛の進化生物学的側面を取り上げます。生物の進化に注目した研究では、愛は、子供を作って育てる、あるいは仲間同士の結びつきを作るための仕組みだと言われます。本章では、愛に関係するホルモンや脳内物質など、生理学や脳科学の観点からの愛をみてみたいと思います。

しかし、愛は生物学的な仕組みで完全に説明されるものではありません。人間が複雑な社会を作って生活するようになると、それに応じて愛のあり方も複雑になっていき、生物学的な仕組みに収まらなくなってきます。第4章では歴史学や社会学、人類学の研究を参照しながら、愛には多様な形態があることを示します。

そして第5章では、前章までの議論を総括して「愛の症候群説」を提示します。症候群説は最近の愛の哲学で注目されている考えの一つです。ここでは、前章までに取り上げた他分野の研究を用いて、本書なりに具体化した症候群説を提示したいと思います。

第1章

愛は感情なのか

——潜在性

恋をしたから
空が綺麗と思えた
恋をしたから
明日が大好きだった
恋をしたから
貴方を知れた

あいみょん／恋をしたから

「恋愛感情」という言葉もあるので、愛は感情の一種だと思われるでしょう。喜び、悲しみ、怒り、恐怖、恥、嫉妬、希望など、人はさまざまな感情を抱きますが、愛もその仲間だということです。心理学や哲学といった心を研究する分野でも、愛を人間に備わる基本的な感情とみなす考えが昔からよくみられます。

ですが、最近の哲学では事情が変わってきています。愛は本当に感情なのかどうかが議論されるようになっているのです。

本章では、愛は感情ではなく、感情を生み出す潜在的な状態だという考えを提示します。簡単に言えば、愛があるから好きな人に関する喜び・悲しみ・嫉妬などが生まれるのであり、そうした感情を生み出す愛そのものは感情ではないということです。さらに言えば、愛が生み出すのは感情に限られません。誰かを愛したときには、思考・欲求・知覚などさまざまな心の状態や行動にも影響が出てきます。本章ではこうした「愛の潜在性」を説明します。

また、愛が感情ではないことを理解するためには、そもそも感情とは何かも理解しておく必要があります。そのため本章では、感情とは一体何なのかも簡単に説明したいと思います。

正の感情と負の感情

感情の特徴としてまず取り上げたいのは、「正の感情」と「負の感情」という区別です。正／負と似たような表現として、良い／悪い、快／不快、前向き／後ろ向き、プラス／マイナス、ポジティヴ／ネガティヴといったものもあります。本書では主に「正／負」を、文脈によって「ポジティヴ／ネガティヴ」を使います。

まず、正の感情の具体例を挙げてみましょう。楽しさ、喜び、幸せ、満足、自己肯定感（自尊心／誇り）などなど。それとは反対の負の感情は、怒り、悲しみ、恐怖、嫉妬、などです。この分類は専門知識などに基づいているわけではありません。「怒りは負の感情だ」「喜びは正の感情だ」と言われたとき、とくに問題なく「そうだよね」と同意できるのではないでしょうか。

ですが、感情の「正／負」とは一体何のことなのでしょうか。改めて問われてみると答えられないかもしれません。喜びはどういう意味で「正」で、悲しみはなぜ「負」なのでしょうか。また、正の感情と負の感情はどういう意味で反対なのでしょうか。

一つの考えは、**「正の感情」**は**「なるべく抱きたい感情」**で、**「負の感情」**は**「なるべく抱きたくない感情」**だというものです。「増やしたい感情」または「減らしたい感情」と言ってもいいでしょう。楽しさや喜びはなるべく経験したいものですし、悲しみや怒りはできれば避けたいものです。喜びの多い人生と悲しみの多い人生のどちらがいいかと尋ねられたら、誰でも喜びが多い方がいいと答えるでしょう。[1]

ここで、「負の感情は一概に悪いものではない」と思った人もいるかもしれません。というのも、ときどき「悲しみを経験した方が人間として深みが出る」みたいなことが言われるからです。確かに、悲しみを経験すると、それとの対比で小さな幸せをより良いものとして噛み締められるようになります。言い換えると、負の感情も、好ましい経験をより好ましくする役に立つわけです。

ですが、だからと言って、生まれて死ぬまでずっと悲しみだけで、何の喜びもない人生が良いという人は誰もいないでしょう。やはり基本的には、正の感情はなるべく多い方が良いもので、負の感情はなるべく少ない方が良いものではないでしょうか。

愛の苦しみ

以上のように感情は正か負かどちらかに分類できます。そうすると、もし愛が感情であるなら、愛も正か負かどちらかに分類できるはずです。どちらでしょうか。

こう問われると「愛は正の感情だ」と思われるのではないでしょうか。愛を多く抱ける人生と愛が少ない人生を比べたら、愛が多い方が良いように思われます。愛は良いもの、増やしたい感情だと考えられるでしょう。

ですが、次の例を考えてみてください。

あなたには交際している相手がいます。その人が好きで好きでたまらなく、間違いなく相手を愛しています。ですが最近、相手の行動を不審に思うことが何回かありました。「いま電話できる？」とか「次いつ会える？」といったメッセージを送っても、なかなか返事がきません。しばらくしてから「ごめん寝てた」とか「いまちょっと忙しいから会えない」といった返信がきます。

それでも何度も連絡をしているうち、久しぶりに会って食事をすることになりました。その食事の途中、相手がトイレに行くために席を離れました。そのとき、相手が置き忘れていったスマートフォンに通知が来ました。ロック画面からも少しだけ文字が見え、そこには「早く家来てよ」と書かれていました。

そこであなたの疑念は確信に変わりました。相手は浮気をしているのです。しかも、久しぶりのあなたとの食事を早々に切り上げ、浮気相手の家に行くつもりらしいのです。

このとき、さまざまな負の感情が生まれるでしょう。相手の気持ちが離れていることへの悲しみ、裏切られていたことに対する怒り、浮気相手への嫉妬、相手の不誠実さへの嫌悪、別れて一人になることへの絶望、浮気されない方法はなかったのかという後悔……。こうした負の感情で心がいっぱいになります。

では、このとき、あなたは相手を愛しているのでしょうか。もし愛が正の感情であるなら、相手への愛は消えてしまったと考えるべきでしょう。あなたはこのとき負の感情に支配されているからです。正の感情が入り込む余地などありません。

ですが、本当に愛はないでしょうか。むしろ、**愛しているからこそ負の感情が生まれてく**

るのではないでしょうか。この点を理解するために、次の状況を考えてみてください。

あなたは最近相手に対する気持ちが冷めてきています。なかなか会う気になれません。おそらく相手も同じようで、あまり連絡をとってきません。もう潮時かと思い、別れ話をするために相手と会う約束をしました。会ってすぐ別れ話をするのも気がひけるので、最初は何気ない世間話をしていました。

その途中で相手がトイレに行ったとき、置き忘れていったスマートフォンに通知が来ました。ロック画面から少しだけ見えたのは「早く家来てよ」という文字でした。そこであなたは、相手がすでに別の人と付き合っていると気づきました。

この場合はどうでしょう。こっちも別れようとしていたので好都合だと思ったり、穏便に別れられそうだと安堵したりするかもしれません。先ほどの状況のように負の感情に支配されることなどありません。それは愛が冷めているからです。これと対比すると、先ほどの状況で負の感情が生まれたのは、愛があったためだと考えられるのではないでしょうか。

ここでは別れそうな恋人同士を例にしましたが、片思いでもさまざまな負の感情が生まれます。好きな人が自分のことをどう思っているか、他の人を好きなんじゃないかと不安になります。その人とうまく喋れなかったり、嫌われるようなことをしてしまったりすると、激しい後悔が生まれます。自分が好かれていないとわかると悲しくなり、他人がその人と良い雰囲気になっていると焦り、すでに恋人がいるとわかると嫉妬が生まれます。

このように、愛はさまざまな負の感情を生む可能性を秘めています。しかし、なぜ愛が負の感情を生むのでしょうか。それは、**愛する人に自分も愛されたい**からでしょう。自分が特別に思う人の特別な人になりたいわけです。だからこそ、愛し合う関係になる望みが叶わないとわかったり、叶いそうにないと気づいたりすると、先に挙げたさまざまな負の感情が生まれてしまうのです。[2]

感情と並行する愛

先ほどの例からわかるのは、愛は、怒りや悲しみといったさまざまな負の感情と同時に抱けるものだということです。負の感情に完全に支配されて正の感情が入り込む隙のないときでも、愛は抱かれています。そうであるなら、愛は正の感情ではないでしょう。

では、愛は負の感情なのでしょうか。そうとも言えません。交際がうまくいっているときには、相手に対する負の感情は何も生まれません。喜びや楽しさといった正の感情しか感じられないはずです。もちろんそのときには相手に対する愛もあります。先ほどとは逆で、正の感情しか感じられない場面でも愛は抱かれています。そうであるなら、愛は負の感情ではないでしょう。

以上からすると、愛は正の感情でも負の感情でもないことになります。しかし、正でも負でもない感情などあるのでしょうか。喜怒哀楽などの単純な感情でも、誇り・希望・後悔・罪悪感などの複雑な感情でも、感情である限り、正か負かどちらかに分けられるように思えます。

そうすると、愛は感情とは異なる次元の状態だと考えられます。愛は、怒り、悲しみ、喜び、といった感情の仲間ではなく、**感情と並行するかたちで抱ける別種の心の状態**だということです。愛は感情ではなく、愛する人に関するさまざまな感情を生み出す潜在的な基盤と考えるべきでしょう。

とはいえ、唐突に「感情を生み出す潜在的な基盤」と言われても、何だかよくわからないかもしれません。それを理解するために、感情とは何か、潜在性とは何なのかについて、より踏み込んで説明しましょう。

感情による評価

感情の例として、恐怖について考えてみましょう。山道を歩いていたら草むらからヘビが出てきた、すぐ横を猛スピードの車が走り去っていった、深い谷にかかった揺れる吊り橋を歩いて渡る、不審な人が自分の後をつけているような気がする……。こういった場面で私たちは恐怖を感じます。

恐怖を感じる場面はさまざまですが、そこには共通点があります。それは、「自分の身に危険が迫っている」ということです。恐怖は危険に対する反応なのです。

他の感情にも同じような共通点がみつけられます。怒りが生まれるのは、他人から悪口を言われたり、順番待ちで横入りされたりしたときなど、「自分が不当な扱いを受けている」場面です。悲しみは、恋人と別れたり財布を落としたりした「自分が大切にしているものが失われた」ときに生まれます。喜びは、試験に合格したり給料がもらえたりした「自分にとって都合の良いことが起きた」ときに生まれます。

ここからわかるのは、**感情は自分が置かれた状況を評価する心の状態**だということです。感情は、自分が置かれた状況が自分にとって良いものか悪いものか、良いならどう良いのか、悪いならどう悪いのかを判定する心の状態だということです。

急に目の前にヘビが出てきたというのは危険な状況であり、そのときに生まれる恐怖は、その状況を危険なもの、悪いものとして評価しています。怒りも悪さを捉えていますが、そこで捉えられているのは「不当な扱い」という別種の悪さです。同様に、喜びは「自分にとって都合が良いことが起きた」という評価です。希望はもう少し複雑で「これまで悪い状況にいたけどこの先は良くなりそう」といった将来の良さを評価する感情です（図表2）[3]。

感情の評価を踏まえると、感情の「正／負」も一歩進んで理解できるようになります。前に「正の感情」は「なるべく抱きたい感情」だと述べていましたが、正の感情がなるべく抱きたいものであるのは、その感情を生み出す原因となった物事が良いものだからです。たとえば、自分の好物を食べて喜びが生まれるとき、その喜びは「自分にとって都合の良いことが起きた」という評価を含んでいます。そして、都合が良い状況はなるべく増やしたり長続

感情	評価
恐怖	迫り来る危険
悲しみ	大事なものの喪失
怒り	不当な扱い
喜び	目標がかなう／成功する
誇り	他人からの評価が高まる
希望	つらかった状況が改善する兆しがみえる
嫉妬	自分の欲しかったものが他人にとられる
罪悪感	道徳や規則を破ってしまった
恥	自分の理想から外れている

図表2　各感情とその評価

きさせたりしたいものです。喜びが増やしたいものであるのは、そのときの状況が良いものだからです。

逆に、負の感情がなるべく抱きたくないのは、その原因が避けたいものだからです。恐怖が避けたいものであるのは、その原因となる状況、たとえば、ヘビとの遭遇という危険な状況にはなるべくいたくないからです[4]。

素早い評価

以上のように感情は評価を下す心の状態です。しかし、単なる評価ではありません。というのも、評価だけなら冷静な思考でも下せるからです。

たとえば、山道を歩いていてヘビに出くわしたとき、危険なのかどうかじっくり考えることもできます。「ヘビが出てきた、ヘビには毒をもっている種類もあるらしい、これは毒ヘビだろうか、この見た目からすると毒がありそうだな、おそらく毒ヘビだ、毒ヘビが目の前に出てきたんだ、噛まれるかもしれない、噛まれたら毒がまわって死んでしまうかもしれない、つまり自分は危険な状況にいる」。ですが、こんな考え事をしているあいだにヘビに噛まれてしまうかもしれません。冷静な思考による評価は時間がかかるのです。

　これに対し、感情による評価は非常に素早く下されます。ヘビを見たときには瞬時に恐怖が生まれるでしょう。「危険だ」という評価がすぐさま下されているのです。この素早さには利点があります。それは、すぐに行動に移れることです。先ほどみたように、冷静な思考で危険さを捉えるのは時間がかかり、かえって危険さが増します。それよりも素早く恐怖を感じて逃げ出した方が助かる確率が上がります。つまり、**感情は時間をかけていられない場面で役立つ素早い評価**なのです。

感情の身体性

感情と思考は速さ以外にも重要な違いがあります。それは**感情には一定の身体反応が伴う**ことです。

再び、山道でヘビに出くわしたときの恐怖を例にしましょう。そのとき、目を見開いたり、心臓の鼓動が高まったり、呼吸が荒くなったりします。筋肉が緊張して体が固まってしまうこともあります。多くの場合、私たちはこうした身体反応に気づくことで自分の感情に気づきます。自分の呼吸が荒くなっていたり、心臓がドキドキしていたりしていると気づくことで、自分が恐怖を抱いているとわかるのです。

なぜ感情には身体反応が伴っているのでしょうか。一つの解釈は、**身体反応は評価を踏まえた行動準備**だというものです。これまで述べてきた通り、恐怖は「危険だ」という評価を含んでおり、そして、危険な状況にはなるべくいたくないものです。そうすると、危険を回避する行動をとる必要が出てきます。その行動の準備が感情の身体反応だということです。恐怖で目が見開くのは危険な対象をよく観察するためで、呼吸が荒くなるのは酸素を多く取り込むためで、心臓の鼓動が速くなるのは取り込んだ酸素やエネルギーを身体中に行き渡らせるためです。こうした身体反応が生まれることで、危険な対象から逃げる準備ができるのです。

ただし、感情の身体反応のパターンは一つとは限りません。恐怖を感じたとき、逃げ出す準備ができることもあれば、体がこわばったり腰が抜けたりして動けなくなることもあります。動けないと逃げられないわけですが、動かない方が良い場面もあります。ヘビを前にして急に動くと、その急な動きをヘビが攻撃とみなし、こちらに襲いかかってくるかもしれません。それよりは下手に動かず、ヘビがどこかに行ってしまうのを待つ方が良いかもしれません。死んだふりのようなものです。また、高所に立ったときに体がこわばると、慎重に動かざるをえず、足を滑らせて落ちるのが防げます。素早く逃げるのだけが危険の回避ではないのです。

他の感情でも、その身体反応は行動準備として理解できます。怒りは自分が不当な扱いを受けているという評価を含んでいますが、不当な扱いは撤回させなければなりません。撤回させるには攻撃や威嚇をする必要があります。怒りで体が熱くなるのも、恐怖と同じく血流が良くなって体を動かす準備ができるからです。拳を握りしめたり眉間にシワが寄ったりするのは、攻撃する準備ができていることを相手に示すためです。つまり、「攻撃するぞ」というメッセージとなっているわけです。

悲しみを感じるときには体に力が入らなくなります。そうすると行動できなくなるわけですが、恐怖の場合と同じく、下手に動かないことも重要です。悲しみは自分が大事なものを失ったとき、何か失敗したときに生まれますが、下手に行動して失敗を重ねないためには動かない方が良いでしょう。また、悲しいときには涙がこぼれたり、激しく嗚咽《おえつ》したりしますが、この身体反応は周りの人に対して自分が困っていることを伝えるメッセージの役割を果たしています[6]。

喜びは自分にとって都合の良いことが起きたときに生まれるもので、その身体反応は都合の良い状況を維持・増大させるためのものです。好物を食べて喜びが生まれたら、もっと食べるように仕向けられます。怒りや恐怖ほどではありませんが、身体はいくらか活動的になるでしょう。また、喜びが生まれると笑顔になりますが、笑顔も涙と同じようにメッセージの役割を果たします。自分は今の状況を良いと思っている、だから敵意や緊張は感じていないので近づいてきても大丈夫だ、といったことを周りの人に伝えているわけです[7]。

以上のように**感情は評価と身体反応の組み合わせ**として理解できます。では、それを踏まえて愛と感情の違いを説明しましょう。

潜在性と顕在性

感情と愛の違いとして重要なのは、前に述べた通り、愛は潜在的な状態だということです。この点を理解するためには、もちろん、「潜在的」とは何か、そして、「潜在的」と対比される「顕在的」とは何か理解する必要があります[8]。

ここでは水溶性を例にしましょう。水溶性は「水に入れたら溶ける」という性質です。別の言い方をすると、「水に入れられる」という条件が満たされたときに「溶ける」という出来事が起こる可能性のことです。こうした水溶性をもつものとしては、塩や砂糖が挙げられます。

重要なのは、水溶性は実際に水に入れられていない塩に備わっているということです。瓶のなかの塩も「もし水に入れられたら溶ける」と言えます。「溶ける」という出来事が実際に起こる、つまり顕在化するのは「水に入れられる」という条件が実際に満たされたときですが、「もし水に入れられたら溶けるだろう」という性質は、実際に水に入れられていない塩に、潜在的な可能性として備わっています。

まとめると、「もし水に入れられたら溶けるだろう」という潜在的な特徴が水溶性で、実際に水に入れられたときに起きる「溶ける」という出来事がその顕在化だということです。

感情の顕在性

人間の心にも潜在的／顕在的の区別がつけられます。たとえば、怖がりな性格を考えてみましょう。

怖がりな人はそうでない人よりも多くの場面で恐怖を感じます。夜に一人でトイレに行けなかったり、雷の音を聞いて叫んでしまったり、知らない人を過度に警戒したりします。怖がりの人は、多くの人に恐怖を生み出さない条件のもとでも恐怖を感じるわけです。

ですが、こうした条件が満たされていないとき、その人が怖がりでなくなるわけではありません。たとえば楽しく踊っていて恐怖をまったく感じていないときでも、その人は依然として怖がりな性格でしょう。というのも、もしそのときに知らない人が急に近づいてきたら、きっと恐怖を感じるだろうと言えるからです。怖がりは「いろいろな場面で恐怖が生まれやすい」という潜在的な状態であり、それが顕在化したのが恐怖という感情なのです。

注意すべきですが、**ここで言う「潜在的な状態」は「無意識の感情」ではありません。**無意識の感情は「自分では気づかない感情」のことであり、「気づける／気づけない」と「顕在的／潜在的」は異なる区別です。

たとえば、目の前にヘビが出てきて無我夢中で逃げ出したとしましょう。無我夢中だったので、自分が恐怖を感じていたことにも気づかなかったとします。ですが、そのときでも「危険だ」という評価は生まれていたでしょうし、心臓がドキドキするなどの身体反応も実際に生まれていたでしょう。感情の評価はあまりにも素早いために自分では気づかないこともありますし、危険な対象に完全に注意が向けられてしまって自分の身体反応に気づけないこともあります。評価にも身体反応にも気づけないと、自分の心に恐怖が生まれていたことに気づけません。ですが、こうした無意識の恐怖も顕在的なものです。自分で気づけなくても、「危険だ」という評価も逃げるための身体反応も実際に生まれているからです。

あるいは、顔を真っ赤にして怒鳴っているのに「怒っていない」と言っている人を考えてみてもいいかもしれません。その人は、自分が下した「不当だ」という評価と自分の身体の興奮に気づけていません。評価も身体反応も顕在的になっているのですが、それに気づけていないので、その怒りは無意識のものなのです。[9]

愛の潜在性

愛も、恐怖のような顕在的な状態ではなく、怖がりのような潜在的な状態として理解すべきです。怖がりはいろいろな物事に対して恐怖を感じる性格でしたが、愛は特定の物事、つまり好きな人に関するさまざまな感情を生み出すものです。

誰かを愛している人は、愛する人と会ったら喜びや安らぎを感じ、浮気されたらその人に対する怒りや悲しみを感じます。ですが、実際に会っていないときでも「もし会ったら喜ぶだろう」と言える状態にありますし、実際に浮気されていなくても「もし浮気されたら怒りや悲しみが生まれるだろう」と言える状態にあります。相手に対する愛は、いろいろな場面でそれに応じた感情を生み出す基盤となっているのです。[10]

さらに言えば、愛が生み出すのは感情だけではありません。愛は、愛する人のことをついつい考えてしまう、どうしても考えずにはいられないという思考（いわゆる「侵入思考」）として顕在化することもあります。さらに、相手も自分のことを愛していてほしい、愛する人には幸せになってもらいたい、といった願望を生み出すこともあります。また、愛する人に危険が迫ったとき（車にひかれそうになるなど）、とっさに体が動いて自分の身を犠牲にして助けるという行動が生まれることもあります。その他にも、愛する人のことをよく見てしまうという知覚や注意に結びつくこともあります。**愛は、その対象となる人（愛を向けられている特定の人物）に関する感情・思考・行動・欲求・知覚のかたちをとって顕在化するものであり、それ自体は潜在的な心の状態だということです**（図表3）[11]。

以上のように愛がさまざまなかたちで顕在化する点を踏まえると、愛は一種の「症候群」として理解することができます。「症候群」は文字通り症状の集まりであり、症状とは目に見えるかたちで現れている病気のしるしです。たとえば、かぜ症候群を考えてみましょう。かぜの原因はウィルス感染です。ウィルス自体は目に見えませんが、ウィルス感染は発熱、咳、鼻水、頭痛といった症状として顕在化します。愛も同じように理解できます。愛そのものは潜在的なもので表立って見えるものではありませんが、前述のさまざまな感情・思考・

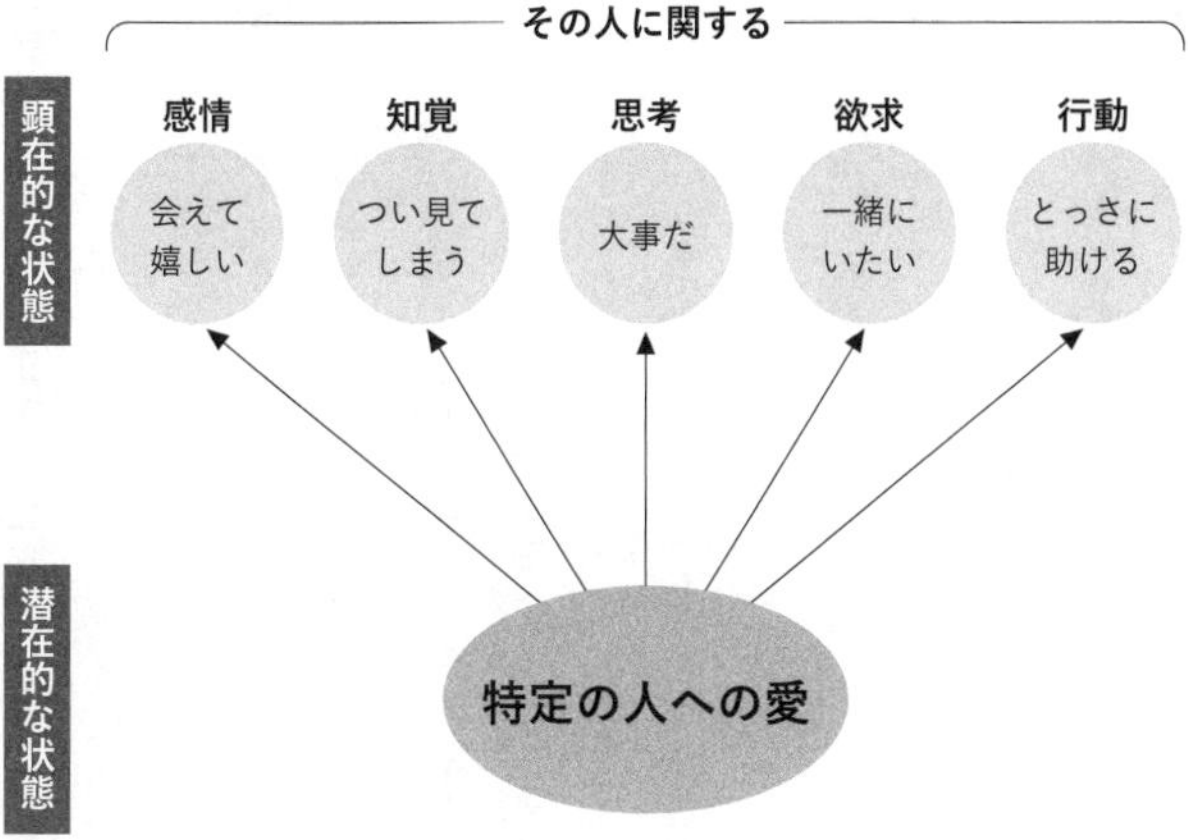

図表3　愛は潜在的なもの

行動・欲求・知覚のかたちをとって現れるということです。

本書ではこうした症候群説を支持します。ですが、現時点ではその全貌を説明する材料が足りないので、詳しくはいろいろ議論した後で説明したいと思います[12]（第5章）。

愛の持続時間

愛を潜在的な状態とみなす利点は他にもあります。それは、「私はあの人を一〇年間ずっと愛している」といった表現の意味も、より良く理解できるようになるということです。

人は一〇年のあいだにさまざまな感情を経

験します。交際相手がプレゼントをくれたときには喜びが生まれ、相手が待ち合わせに遅れたときにはイライラします。また、相手に対する感情が生まれていない場面もたくさんあります。お腹がすいているときには空腹の不快感に支配されていますし、進級や昇進の試験が不合格だったとわかったときには不合格に対する悲しみしか感じられません。こうした場面では、相手を気にかける余裕などそもそもないかもしれません。

さらには何の感情も抱いていない場面もあります。たとえば睡眠です。夢に相手が出てきたときには相手に対する何らかの感情を抱くでしょうが、夢のない睡眠では何の感情も抱かれていません。そして、「一〇年間ずっと愛している」の一〇年間のうちには、必ず夢のない睡眠の状態があります。そうすると、一〇年絶え間なく持続している「愛」を、感情とみなすことはできないことになります。

ですが、潜在的な状態としての愛は一〇年間ずっと続いていると言えます（図表４）。夢のない睡眠時でも、もしそのとき恋人が訪ねてきて起こされたら、きっと会えた喜びが生まれるだろうと言えます。また、もしそのとき別の人に叩き起こされて「あなたの恋人が大変なんだ」と言われたら、きっと不安や焦りが生まれるでしょう。つまり、寝ていても潜在的な状態としての愛はあるのです。それは、実際に水に入れられていない塩も「もし水に入れ

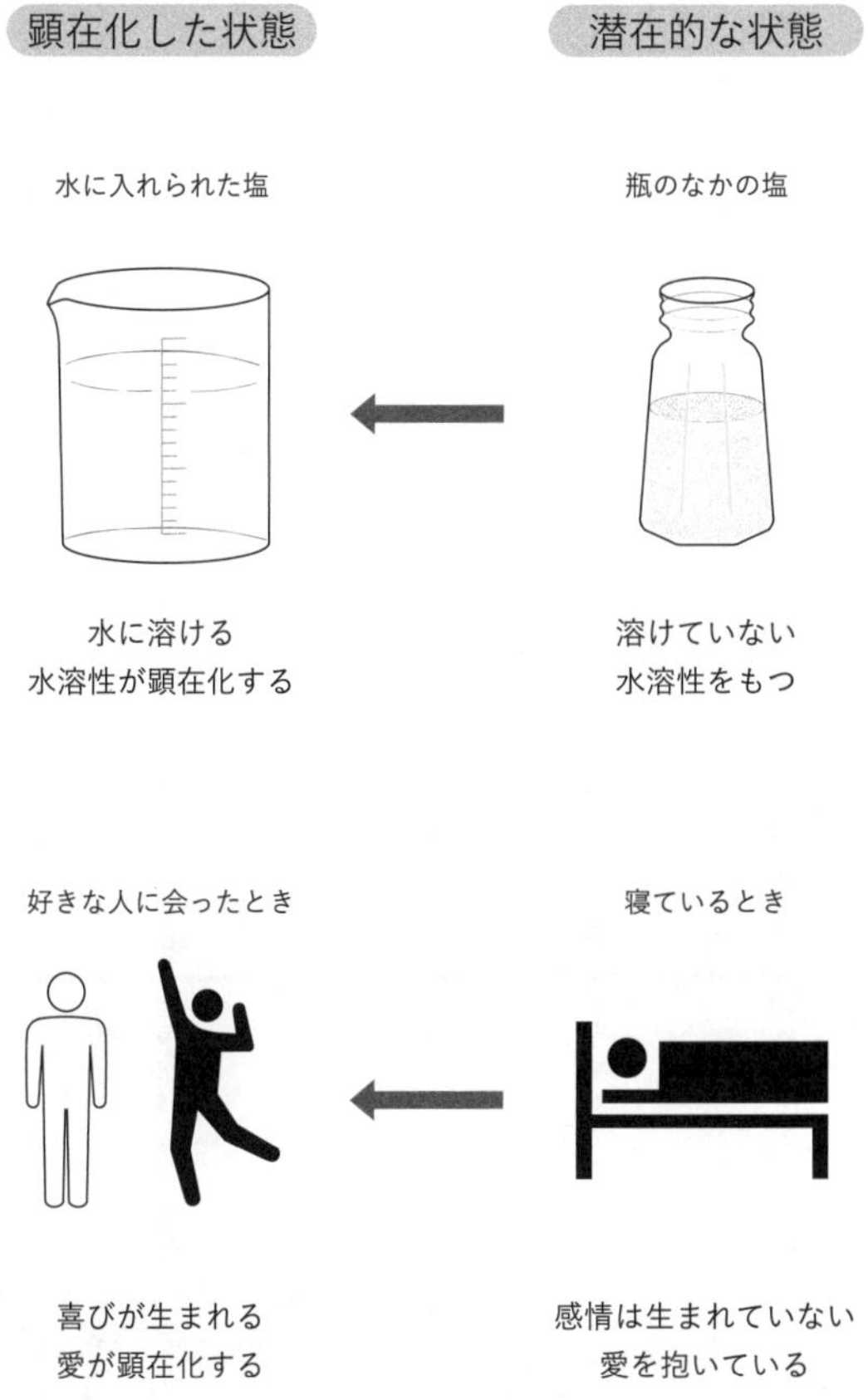

図表4　愛は潜在的な状態としてあり続ける

られたら溶けるだろう」と言えるのと同じです。あるいは、怖がりな人は寝ているときも依然として怖がりである（恐怖が生まれていないだけで、怖がりでなくなったわけではない）のと同じです。**愛は潜在的な状態として、そのつど顕在化する感情や行動よりもずっと長く存在し続ける**ものなのです[13]（愛が何十年も長続きするものであることは社会的な仕組みが関係していますが、それについては第４章で取り上げます）。

＊

本章の考察をまとめましょう。愛は感情だと考えられがちですが、そうではありません。愛は、その対象となる人に関するさまざまな感情・知覚・思考・行動のかたちをとって顕在化するものであり、愛そのものは潜在的な心の状態です。

本章の冒頭では、愛と感情との関係が最近の哲学の重要な論点となっていると述べていました。ですが実のところ、これよりも重要な別の論点があります。それは、「愛に合理的な理由はあるか」というものです。次章ではその問題に取り組みたいと思います。

＊1　プリンツ（二〇一六）第7章、源河（二〇二一）第5講。

＊2　自分が愛する人に愛される価値は、村山（二〇二一）で詳しく検討されています。

＊3　この表はLazarus (1991) p. 122 Table 3.4を参考に作成しました。その表には愛も感情の一種として挙げられていますが、本書は愛を感情とみなす考えに反対しているので、ここでは除外してあります。

＊4　ここで、ホラー映画の鑑賞など自ら恐怖を求めるように思える場面が気になったかもしれません。それに関しては第8章の「負の感情のパラドックス」で取り上げます。

＊5　さらに言えば、こうした身体反応なしの感情など考えられないかもしれません。ヘビを見て、心臓の鼓動も感じず、呼吸も変わらず、筋肉も特別緊張していない人がいるとしましょう。その人は恐怖を感じていないように思われるのではないでしょうか。この点に関しては、ウィリアム・ジェームズの「悲しいから泣くのではない、泣くから悲しいのだ」という言葉が有名です。泣くという身体反応は、悲しみが生み出す産物ではなく、悲しみの一部だということです。ジェームズ（二〇二〇）四八頁を参照。

＊6　プリンツ（二〇一六）二八七頁。

*7　プロヴァイン（二〇一三）第2章。

*8　以下で説明する潜在性は、哲学で「傾向性（disposition）」と呼ばれているものです。

*9　無意識の感情について、より詳しくは源河（二〇二一）第8講を参照。ところで、Brogaard (2015) では愛を無意識の感情とみなす考えが提示されていますが、ここまでの議論や次章以降で展開する議論から、本書は愛は感情ではないという考えを支持します。

*10　こうした点は Goldie（2010）、Naar（2013）、Smuts（2014a）で指摘されています。ときに、愛は「感情を生み出す傾向性（sentiment）」だと言われることもありますが、すぐ次の段落で述べるように、愛は感情以外のものも生み出すので、愛を「感情の傾向性」に限定すべきではないと思います。

*11　注意すべきですが、ここでは「すべての心の状態やすべての行動の根底に愛がある」と言っているわけではありません。あくまでも、特定の人を対象とする愛があることによって、その人を対象とする心の状態や行動が生まれやすくなるということです。

*12　症候群説の代表者として de Sousa（2015）、Pismenny and Prinz（2017）が挙げられます。

*13　Pismenny and Prinz (2017)。

第2章

愛に理由はあるか

——無合理性

貴方がどんなに自分を嫌いでも
他の誰かには代えられないから

私は貴方がいいのです
貴方がダメだと思うとこでさえ
この心愛しさで満たすには十分なの

阿部真央／私は貴方がいいのです

「愛は合理的なものか」と問われると、「不合理だ」と言う人が多いのではないでしょうか。誰かを愛すると、冷静な判断ができなくなったり、普段なら絶対しない変な行動をとってしまったりします。また、他人の恋愛について「なんであんな人のことを好きになるのか」と思うこともあります。第三者からみると（場合によっては当人からみても）不幸な結果に終わると予測できるのに、それでも気持ちが止められないのです。こうした場面を考えると、愛は理性的／合理的でないもの、不合理なものに思えるでしょう。

最近の哲学でも、愛の合理性に関する議論が活発になされています。そこで注目されている考えの一つによると、愛は不合理なものではありません。では合理的なのかというと、そうでもありません。愛は、合理的（rational）でも不合理（irrational）でもないもの、無合理（arational）なものではないかと言われているのです。[1]

「無合理」は哲学の専門用語なので、ほとんどの人は初めて耳にするでしょう。大雑把に言えば「愛は理屈じゃない」ということなのですが、これだけだと「不合理」との違いがよくわかりません。その違いを理解するためには、そもそも「合理的」や「不合理」とは何かを理解する必要があります。まずはそこから説明しましょう。[2]

合理性と理由

日常生活で「合理的」という言葉が使われるとき、多くの場合は効率に焦点が合わせられています。たとえば、パスタを茹でているあいだにスパゲッティソースを作っておくのは「合理的」です。そうすることで完成までの時間を短縮できます。この「合理的」は「効率的」と言い換えられるものです。逆に、パスタが茹で上がってからソースを作り始めるのは効率的ではなく、「合理的でない」と言われます。

これに対し、本章で取り上げたい「合理的」は、「効率的」よりも広い意味のもの、「理にかなっている」「みんなが納得できる客観的な理由がある」というものです。確かに「効率が良いこと」も「理にかなっている」のですが、理にかなっているかどうかは効率に限定されません。次の例を考えてみてください。

ある学校で数学のテストが行われ、生徒のAさんとBさんはどちらも七〇点でした。その学校の成績評価では、七〇点は5段階中の4にすることになっています。ですが、担任の先生は二人に異なる評価をつけました。というのもその先生は、自分と同じスポーツチームを応援している人に高い評価をつけ、そのライバルチームを応援する人に低い評価をつけることにしているからです。そのため、先生と同じチームのファンであるＡさんの成績は５になり、ライバルチームを応援するＢさんは３になりました。

この成績評価はどうでしょうか。おかしい、理不尽だ、不当だ、理にかなっていない、と言いたくなるでしょう。そこには客観的に認められる正当な理由がありません。テストが七〇点だったのに成績が３になった理由が「先生が嫌いなチームのファンだったから」では、他の先生も他の生徒も納得できないでしょう。親御さんたちのあいだで「こんなひどい教員は辞めさせろ」という運動が起きかねません。言うまでもなく、数学のテストと好きなスポーツチームは無関係だからです。このように、不当な理由に基づいた評価は「不合理」と言えます。

これに対し、合理的な評価、言い換えると、正当で理にかなった評価は、ＡさんにもＢさんにも４の成績をつけることです。成績が４になった理由が「テストが七〇点だったから」というのは納得できます。その学校では七〇点を４にすると決まっているからです。他の生徒も先生も親御さんも、七〇点で4にしたことに納得してくれるでしょう。

ここで説明した「合理的」「理にかなっている」は、「効率的」ではありません。どのチームが好きかで成績を変えるのは、成績をつける作業の効率を上げるわけでも下げるわけでもありません。そもそも成績と好きなスポーツチームは無関係だからです。この成績評価を「不合理」とみなすうえで重要なのは「納得できる客観的な理由がない」ことです。

本書では、納得できる客観的な理由があるものを「合理的」と呼び、ないものを「不合理」と呼びます。そしてこの区別は、前章で取り上げた感情に関して興味深い論点を引き出してくれます。それは、「合理的な感情」が存在することです。

感情の合理性

感情が合理的であるというのは意外に思われるかもしれません。というのも、感情は不合理なものの代表とみなされがちだからです。「感情論」は理屈が通っていない主張を非難する言葉として使われ、「感情的な人」は理性的に物事を考えられない人という意味で使われます。感情は、正当な理由がなく生まれるものだと考えられているようです。

しかし、この考えは間違っています。というのも、前章でみたように、感情は自分が置かれた状況を評価する状態だからです。

たとえば友人が「山道を散歩していたときに、急に草むらからヘビが出て怖かった」という話をしてきたとしましょう。その恐怖は合理的と言えます。「ヘビが出てきた」は、恐怖が生まれた理由として客観的に納得できるものです。恐怖は危険に対する反応として生まれるものであり、ヘビは私たちに危害を加える可能性のある生き物だからです。

他方で、ヘビに恐怖を感じない人もいます。たとえば、ヘビに嚙みつかれても大丈夫な装備をして、ヘビを何度も捕まえている技術のある人は、ヘビが目の前に出てきても恐怖を感じないでしょう。それも納得できます。その装備や技術はヘビの危険さを無効にできるからです。ですが、そうした装備や技術がない人がヘビに恐怖を感じなかったら、それは不合理です。装備も技術もない人にとってヘビは危険なものだからです。いくらその人が「ヘビなんて危なくない」と思っていても、ヘビの危険さがなくなるわけではありません。その人が危険さを理解できていないだけです。

別の例を考えましょう。友人が「山道を散歩していると、花がたくさん生えた草原にたどりつき、それを見て怖くなった」と言ったとしましょう。友人に「なんで花が怖いの？」と聞いてみても「だって花って怖いじゃないか」としか言ってくれません。草原の詳しい様子をさらに聞いてみましたが、やはり花がたくさん咲いているだけで、怖いと思えるものはとくに何もありませんでした。また、友人は花粉アレルギーでもないそうです。それでも友人はとにかく花が怖いと言うのです。珍しいのですが「花恐怖症」というものがあり、友人はそれだというのです。

この場合、友人が感じた恐怖には客観的に納得できる理由がありません。花は私たちに何かしらの攻撃をしてくる危険なものではありません。そのため、友人が抱いた花に対する恐怖は、不可解なもの、不合理なものと言えます。

他の感情も同様に、合理的なものと不合理なものが区別できます。怒りは不当な扱いを受けたことに対する反応なので、他人から悪口を言われて怒るのは合理的ですが、ちょっと声をかけられただけで怒るのは不合理です。宝くじが当たったときに生まれる喜びは合理的なものですが、財布を落として喜んでいるのは不合理です。このように**感情は、それが生まれた理由が納得できるものであるかどうかに応じて、合理的なものと不合理なものに分けられます**[3]。

　では、愛はどうでしょうか。愛も理由が納得できるかを判定できるものなのでしょうか。前章では潜在性の観点から愛は感情ではないと述べましたが、実は、合理性に関しても愛と感情の違いが明らかになります。愛は合理的か不合理かに分けられそうにないのです。[4]

理由と選択

　愛には客観的に納得できる理由があるのでしょうか。恋人でも片思いの相手でも、あなたの好きな人を考えてみてください。あなたはなぜその人を愛しているのでしょうか。

　いろいろな理由が思いつくでしょう。優しい、誠実だ、一緒にいて落ち着く、性格が合う、自分を大事にしてくれる、顔が良い、才能がある、お金持ちだ、社会的地位が高い、などなど。相手がもつ何かしらの特徴が思い浮かび、「その特徴があるからその人を愛している」と思われるわけです。

　しかし、その特徴は本当に相手を愛する理由になっているのでしょうか。

　たとえば「お金持ちだから」という理由を例に考えてみましょう。あなたは恋人を「お金持ちだから」愛していると思っています。しかし、相手が世界一の金持ちでない限り、他にもっとお金持ちの人がいます。そして、恋人よりもお金持ちの人に出会ったとしましょう。しかも、その人があなたにアプローチをかけてきました。

もし「お金持ちだから」が本当に人を愛する理由なら、新しく出会った人を愛するようになるはずです。「お金持ち」という点でより優れている人、よりお金をもっている人を愛するのが合理的だということになります。

「お金で人を愛する人はそうよね」と思ったかもしれません。ですが、他の特徴でも話は同じです。あなたが恋人を愛する理由が「優しいから」だとしましょう。もし恋人よりもより優しい人からアプローチされたら、恋人と別れて新しい人と付き合うのが合理的だということになります。もっと優しい人と付き合うチャンスがあるにもかかわらず、優しさの点で少し劣った人と付き合い続けるのは不合理であるはずです。

「より優れたものを求めるのが合理的」という点をより良く理解するために、買い物の場面を考えてみてください。たとえば、まったく同じカップラーメンが二つのスーパーで売っているとします（どちらの店もあなたの家から同じくらいの距離にあります）。しかし値段が異なり、片方のスーパーではそのラーメンが一五〇円で、もう片方では一三〇円でした。この場合、一三〇円で売っているスーパーで買うのが理にかなっています。一三〇円で売っている店があると知りつつ、一五〇円で買うのは不合理です。また、さらに別のスーパーがその商品を一〇〇円で売っているとわかったら、そこで買うのが合理的です。どの店で商品を買うかを考えるときの理由が「安さ」なら、安さという点でより優れた方を選ぶのが合理的で、わざわざ劣った方で買うのは不合理です。

しかし、愛に関してこうした比較はできるのでしょうか。いま自分が愛している人より何らかの点で（あるいは、あらゆる点で）より優れた別の人と出会ったとき、新しい人を愛するようになるのが合理的なのでしょうか。また、以前と同じ人を愛し続けるのは不合理なのでしょうか。

そうとも言いがたいでしょう。むしろ、新しい人に目移りしないことが「愛が本物である」証拠とみなされるのではないでしょうか。**本当に愛してしまったら、本当に恋に落ちてしまったら、その対象は簡単には変えられない**ものです。目移りしてしまうのは、まだそこまで相手を好きになっていないか、相手に対する愛が冷めかけてしまっているからでしょう。

先ほどの買い物の例では、より優れた方を選ぶのは理解でき、劣った方を選ぶことは理解できませんでした。しかし愛に関しては、より優れた方を選ばずに劣った方を選ぶ、つまり、同じ人を愛し続けるのも理解できます。そうすると、愛は買い物の例のように合理的とか不合理とか判定できるものではないと考えられるでしょう。[6]

代替不可能性

愛はなぜ合理的かどうかを判定できないのでしょうか。問題は、理由が挙げられると他にも候補が出てきてしまう点にあります。このスーパーで買い物をする理由が「安いから」なら、安ければ別の店でも良いことになります。このレストランでご飯を食べるのが「値段が手頃で美味しいから」なら、同じくらいの値段でもっと美味しい店があれば、そっちの店に行くべきだということになります。これと同じように愛を考えると、もし愛に理由があるなら、その理由に当てはまる別の人も愛する候補になってきてしまうのです。[7]

ですが、先ほども述べた通り、愛する人はそう簡単には変えられません。この事実が示しているのは、愛は、性格・財産・容姿・才能など、**相手がもつ特徴によって説明できるものではない**ということです。むしろ重要なのは**その人であること**です。その人が何かしら好ましい特徴をもつから愛するのではなく、その人がその人だから愛するということです。愛は、同じ人が二人といない、替えのきかない個人に向けられています。愛の対象は**代替不可能**なのです。[8]

「その人だから」という点はなかなか気づきにくいかもしれません。交際がうまくいっているときに友人から「相手のどこが好きなの？」と聞かれたら、「見た目が良い」「お金持ち」「優しい」といった、他の人にも当てはまる理由を答えるでしょう。ですが、交際に危機が訪れるとき、「なぜこの人を愛しているのか」という問題が迫ってきます。もっと優れた別の人ではなぜダメなのかが問題になるわけです。そのとき、代替不可能性が重要なものとして浮かび上がってきます。[9]

あるいは、愛する人が優れた特徴を失った場面もそうです。あなたは恋人が「優しいから」愛していると思っていましたが、長年付き合っているうちに恋人の性格が変化したり、事故や病気の影響で性格が変化したりして、あまり優しくなくなってしまったとしましょう。それでも恋人を愛し続けるなら、それは相手が「優しいから」ではなく、「その人だから」ではないでしょうか（図表5）。

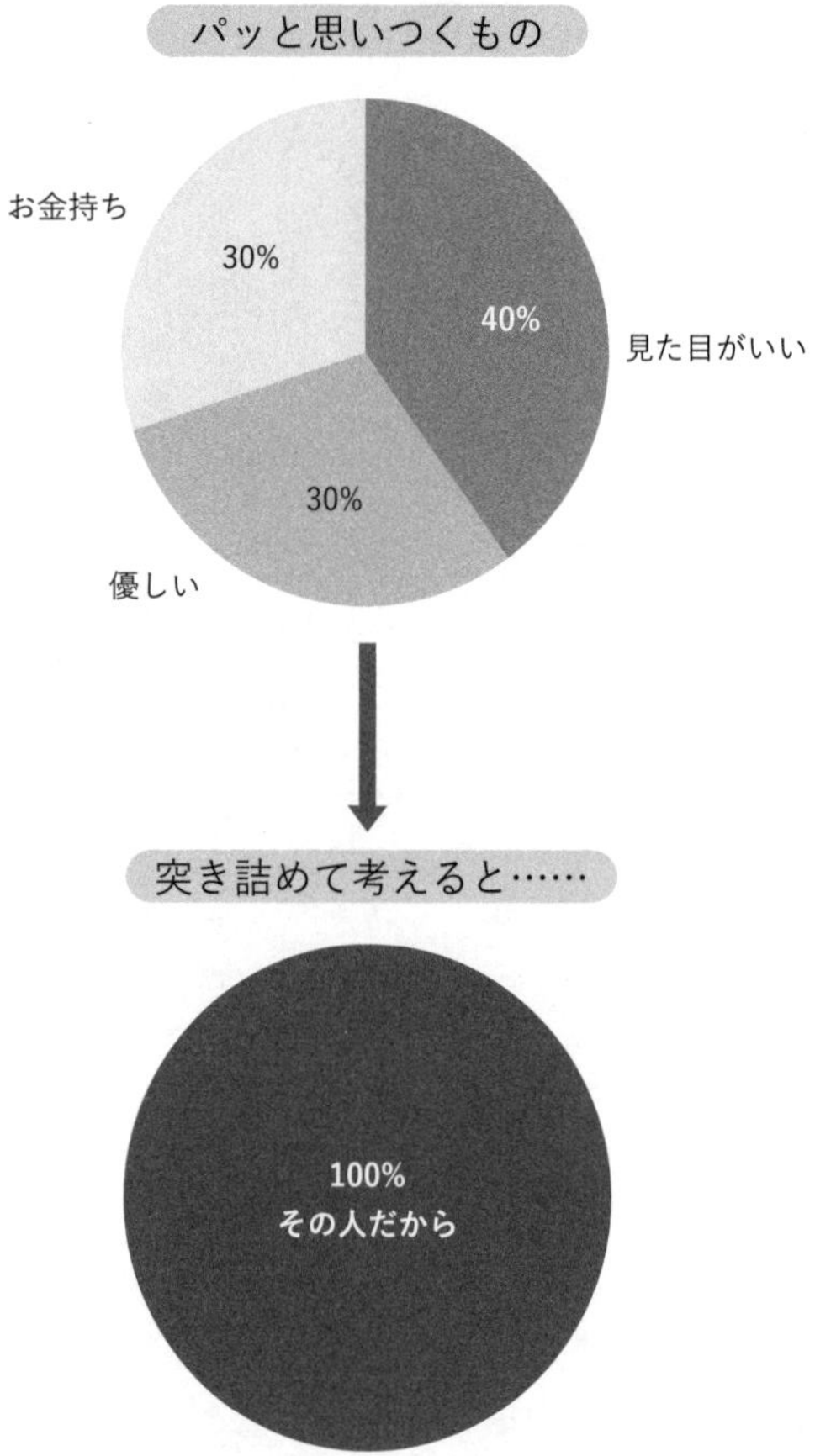

図表5　愛の理由の候補？

理由と説明

ここで、「その人だから」は愛の理由ではないか、やっぱり愛に理由はあるじゃないか、と思った人もいるかもしれません。ですが、話はそう単純ではありません。というのも、「理由」は「説明」に関わるものであり、そして、「説明」は同語反復ではいけないからです。

この点を理解するために、「なぜヘビは怖いのか」という疑問を考えてみましょう。この疑問に対して、ある人は「毒をもつから」と答え、別の人は「ヘビだから」と答えたとしましょう。前者はヘビが怖い理由を説明しているように思えますが、後者は説明しているように思えないでしょう。というのも、説明とは、**問題となっている事実を成り立たせている別の事実を指摘する**ことだからです。ここで問題となっているのは「ヘビが怖い」で、それを成り立たせる別の事実が「ヘビは毒をもつ」です。そして、引き合いに出された別の事実が「理由」と呼ばれます。問題となる事実を繰り返しても（「ヘビが怖いのはヘビだからだ」と言っても）、説明にならないのです。

愛に話を戻すと、「その人だから」はまさに同じことを繰り返しています。「その人を愛しているのはなぜか」という問いに対して「その人だから」と答えても、何の理由も説明されていません。説明がうまくいっていない以上、「その人だから」は「理由」と呼べるものではないでしょう。[10]

愛の無合理性

愛に理由がない。これが本章の冒頭で挙げた「愛は無合理」ということです。本章の冒頭では「無合理」と「不合理」は違うものだと述べていましたが、ここでその違いを明確にしておきましょう。「不合理」も「無合理」も「理にかなっていない」ということですが、「理にかなっていない」は二通りに分けられます（図表6）。

一つ目は「不合理」で、花に対する恐怖などがこれに当てはまります。一般的に感情は、その理由が正当なものであるか、客観的に納得できる理由があるかどうかを判定されるものであり、花に対する恐怖は、納得できる理由がないと判定されたもの、不合理な感情に分類されるものです。

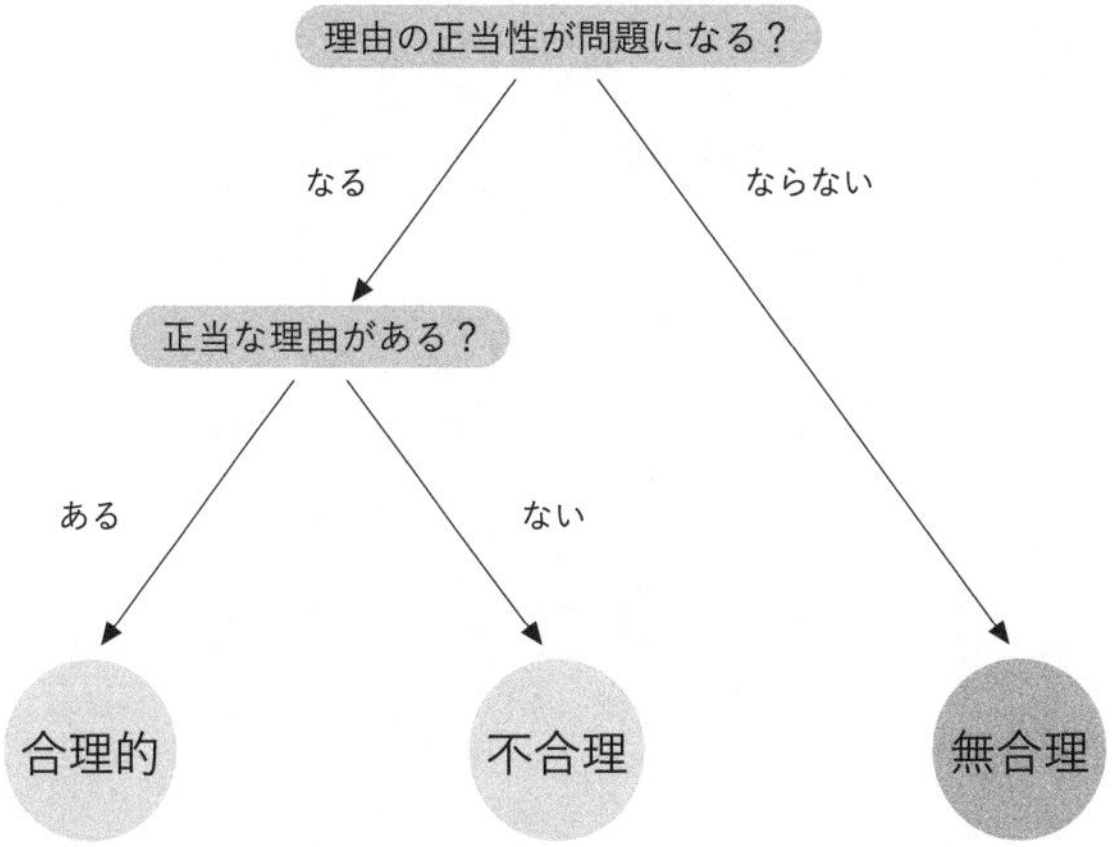

図表6　不合理と無合理の見分け方

もう一つの「理にかなっていない」が「無合理」で、こちらは正当な理由があるかどうかが問題にならないということです。「理由や理屈とは無関係」と言ってもいいでしょう。不合理は道理に合わないものですが、**無合理は道理に合うかとか合わないとか言われる筋合いのないもの**です。

そして、愛がまさにこれに該当すると考えられます。誰かを愛していることは、正当とか不当とか判定されるものではありません。愛はよく「不合理」だとか言われたりしますが、ここまでの考察からすると「無合理」に分類されるものなのです。[11]

愛はどのように生まれるのか

しかし、愛する人はなぜ他の人と交換できないのでしょうか。それを理解するために、人はどのようにして誰かを愛するようになるのか考えてみましょう。

まず、一目惚れについて考えてみましょう。出会った瞬間から「その人は自分の人生に必要な人と感じた」「とにかく運命の人と感じた」、他でもないその人が自分の人生にとって重要だと思ったということです。

一目惚れは、まさに理由が説明できないものです。「運命の人と感じた」というのはほとんど説明になっていません。「何で他の人を愛する運命ではなく、その人を愛する運命なのか」という疑問をぶつけてみると、おそらく答えられないでしょう。結局のところ、理由がわからないから「運命」としか言いようがないのではないでしょうか。ひょっとすると一目惚れには、人間には計り知れない神秘的な理由があるのかもしれませんが（前世の縁だとか神様が決めたとか）、それが計り知れないものである限り、私たちが客観的に納得できる理由にはなりません。

次に、もっとよくありそうな場面を考えてみましょう。私たちは日常生活でさまざまな人と出会います。自分と同じクラスや部活に属している人、職場や仕事で知り合った人、友達に紹介された人などなど。そのなかで、一番見た目が良いから、最も自分のタイプに合うから、お金持ちだから、趣味が同じだから、話が合うから……といったことを考え、出会った人のなかの特定の人が気になってきます。そして、その人ともっと話したいと思ったり、会う機会を増やしたいと思ったりするようになります。

この段階の好意には理由があります。交友関係があるなかで、最も性格が合う／容姿が好み／話が合う／お金持ち、という理由で、特定の人に対する好意が生まれます。とはいえ、この理由は愛の代替不可能性を説明するものではありません。この段階で、もっと性格が合う／容姿が好み／話が合う／お金持ちの人と新しく知り合ったら、新しい人により好意をもつようになるでしょう。

しかし、そうした新しい出会いがなければ、知り合いのなかで一番好ましい人にかける時間や労力が増えていきます。その人の行動をよく注目するようになったり、その人のことをよく考えるようになったり、よく喋りかけたり、喋りかけようと思ったりすることが増えていきます。そしていつのまにか、相手のことばかり考え、会えると喜びが生まれたり、相手が別の人と喋っていると嫉妬したりするようになります。自分の生活のなかで、その相手を対象とする感情・思考・行動などがどんどん増えていくのです。

そして、**相手にかける時間と労力が増えていくと、そのうち、時間と労力をかけていることが自分にとって重要なものになってきます。**代替不可能性はこの点に関係しているかもしれません。そのことは、愛とアイデンティティの関係をみると理解しやすくなるでしょう。

愛とアイデンティティ

アイデンティティ（正確にはセルフ・アイデンティティ）は「自己同一性」とも呼ばれます。この言葉の出どころや使い方に関してはいろいろな話があるのですが、ここでは「自分が自分であること」と理解しておきましょう。世界には数え切れないほど多くの人がいますが、自分は一人しかいません。人と自分の違いを作り出しているものがアイデンティティです。

自分と他人の違いを理解するには、自己紹介のときに何を言うかを考えるのがいいでしょう。まず名前を言います。当たり前ですが、それぞれの人は名前によって区別されます。しかし、たまに同姓同名もいるので、他の特徴も挙げられます。出身地がどこで、何歳で、どの学校に通っていて、どこに勤めていて、どういった役職で、などなど。こうした情報はさまざまな人と自分を区別する手がかりとなります。もちろん、顔つきや体つきといった見た目も、自分と他人を区別するものです。

また、自己紹介のときに趣味を言うことがよくあります。「スポーツ観戦が好きです」とか「○○という歌手の曲をよく聴きます」とか「長い休みがあると山登りに行きます」といったことです。その人が何にお金や時間、労力を費やしているかも、人となりを紹介するうえで重要な情報とみなされています。何が好きであるかは、その人がその人であることの一部となっているわけです。

そして、人に対する愛にも同じことが言えるのではないでしょうか。先ほど愛が生まれる過程を説明したときに、特定の人に対してかける時間や労力がどんどん増えていくと述べました。すると、趣味と同じように、その人に時間や労力をかけていることが、自分が自分であることの一つの要素になると考えられるのではないでしょうか。愛が生まれる最初の段階、「気になっている」くらいの段階では、より優れた人と出会えばそちらに目移りしてしまいます。ですが、はっきりと「この人が好き」とか「相手を愛している」と言えるような段階に来ると、**その人を愛することが自分のアイデンティティの一部になる**という変化が起こるのです。[12]

相手への愛が自分の一部になるという点は、片思いにも当てはまります。その人について考えたりする時間が増えれば増えるほど、自己のあり方も変化していきます。[13]

また、両思いの場合は、相手との直接的なやり取りが増えるため、相手の存在は自分のアイデンティティにより大きな影響を与えるでしょう。だからこそ、恋人と別れることになったときには自分の一部が欠けたような感じがするのではないでしょうか。そして新しい恋人ができたときには、愛する人が変わることで自分のアイデンティティの一部も変化する、新しい自分になったように感じられるのでしょう。[14]

本書の導入で「愛と恋の違い」を少し考えたときに、「深さが違う」という話をしていました。この「深さ」はアイデンティティにも関わるでしょう。相手を「気になっている」くらいの段階、より優れた人と出会ったらそっちに目移りしてしまう段階では、相手を変えても自分は保てます。自分は自分のままでいられるわけです。ですが、「この人でなければならない」となった段階では、その人への愛が自分の一部を作り上げることになります。その相手なしには自分が自分でいられないのです。この違いが、恋と愛の深さの違いの一側面となっているでしょう（別の側面は次章で取り上げます）。

アイデンティティは理由になるか

ここまでの話を読んで、愛の理由がみつかったと思われるかもしれません。人を愛する理由は「その人を愛することが自分の一部になっているから」だということです。

この理由は代替不可能性を説明してくれそうです。現在愛する人よりも優れた特徴（財産・容姿・性格など）をもつ別の人と出会ったとき、それでも同じ人を愛し続けるのは、その人に対して時間や労力をかなりかけており、その人を愛することが自分の一部になっているからだと言えます。同じく、愛する人が優れた特徴を失っても愛し続けるのは、その人を愛することが「自分が自分であるため」に必要だからだと理解できます。

ですが、「愛が自分の一部になっているから」という理由には二つの懸念があります。

第一の懸念は、これは**愛が持続する理由**だということです。愛する人をそう簡単に変えられないのは、すでにその人を長く愛しているからです。しかし、「長く愛しているから」という理由は「なぜその人に対する愛が生まれたのか」に対する説明にはなりません。別の人ではなく、なぜその人に対する愛が生まれたのかは、この理由では説明されないのです。

第二の懸念は、**この理由はかなり自分本位**だということです。相手を愛するのが「自分が自分であるため」というのは、結局のところ、自分のために他人を利用しているようにもみえます。ですが一方で、「愛は自分よりも相手を優先するものだ」と考える人もそれなりにいます。そうした人に対して「相手を愛するのは自分が自分であるために必要だからだ」と言っても、「結局のところ一番愛しているのは自分であって、他人に対する愛の理由になっていない」と反論されるでしょう。[15]

私としては、愛は確かにアイデンティティの一部になっていると思います。だからこそ、愛する人を失うと自分が自分でなくなるように感じられるのでしょう。ですが、相手への愛が自分の一部になっているという事実を指摘したからといって、それがふさわしい愛の理由になるとは限りません。というのも、**事実を指摘すれば何でも「良い理由／説明」になるわけではない**からです。

この点を理解するために、「なぜ病気になったのか」と理由を尋ねられた場合を考えてみましょう。それに対して「ウィルスに感染したから」と答えたとします。ウィルスに感染したのは確かに事実でしょうが、あまりふさわしい理由に思えません。むしろ「最近忙しくて疲れていたから」とか「あまり栄養のあるものを食べていなかった」といった理由の方がふさわしく思えるのではないでしょうか。体にウィルスが入ってきても、元気であったり栄養状態が良かったりすれば病気にはなりません。疲れや栄養不足に言及する説明は、そうした条件の悪さを指摘する点で、「ウィルスに感染した」とだけ述べる説明よりも一歩進んだものになっています。前に述べた通り、理由は説明のために引き合いにされる事実なのですが、引き合いに出される事実にも良し悪しがあるのです。

そして、愛が自分の一部になっているという事実は、愛の理由としてあまり良いものではないかもしれません。とくに、「自分よりも相手を大事にするのが愛だ」と考える人からすると、こんなものは愛の理由ではないと思われるでしょう。[16]

＊

本章の考察をまとめましょう。愛する人は、同じ特徴をもつ別の人と取り替えられるものではありません。愛は、その対象となる人の特徴を理由に挙げて説明できるものではないのです。理由の候補があるとしたら「その人への愛は自分が自分であるために必要だから」というものですが、これは自分本位すぎて愛の理由として認められないと言われる可能性がありますし、たとえ認められても愛が生まれた理由は依然として説明されません。

ひょっとすると、さらに考察を進めていけば、適切な愛の理由がみつけられるかもしれません。[17] ですが、本書では別の方針に目を向けたいと思います。それは、代替不可能性を成り立たせる無合理な仕組みを特定するというものです。そうした仕組みとして本書は、生物学的な要因と社会的な要因があると主張します。

次章では生物学的な要因をみることにしましょう。[18]

＊1　愛と理由に関する現代の議論では、Velleman（1999）、Kolodny（2003）、Frankfurt（2004）が基本文献としてよく挙げられます。Frankfurt（2004）は恋愛ではなく家族愛に焦点を合わせていますが、McKeever（2019）が指摘しているように、そこには恋愛に適用できる論点も含まれています。以上の文献および関連文献の解説については、Helm（2021）、伊集院（二〇一八）、大畑（二〇二一）を参照。

＊２　「不合理」とは別に「非合理」という言葉もありますが、その違いは本章の議論にとって重要ではないので取り上げません。おそらくその違いは、「非合理的」という表現はよくみるのに対し「不合理的」はあまりみない、「不合理だ」という言いまわしは自然に思えるのに対して「非合理だ」には違和感がある、など、「的」をつけるかどうか、その表現が一般的に流通しているかどうかだと思います。

＊３　感情が悪者扱いされがちなのは、その素早さに関係すると思われます。前章でみたように、感情の評価は非常に素早く下されるのですが、その素早さのために早とちりが起こってしまうのです。たとえば、知り合いが二人何か話をしているとき、よく聞きもせずそれを自分の悪口だと思って怒ったとしましょう。このとき何の不当なこともないので、怒るのは不合理ということになります。こうした失敗が悪目立ちすることにより、感情すべてが不合理に思われるのではないでしょうか。より詳しくは源河（二〇二一）第10講を参照。

＊４　以下で説明する感情と愛の対比は、Goldie (2010)、Smuts (2014a) でも指摘されています。

＊５　Smuts (2014a, b)。

＊６　Dalia (2016) では、愛は信念・行動・意志とは異なり、評価的判断に直接影響されるものではないと指摘されています。

＊７　理由が一般性をもつことは de Sousa (2015) p.57 で指摘されています。他方で、愛の理由として「自分には美しく見える」や「自分が必要とするときにそばにいてくれる」といった、自分にだけわかる（一般性のない）特徴を挙げることが可能だと主張する人もいます（Protasi [2016]、Naar [2017]）。しかし、「合理的」を「客観的に納得できる理由がある」と同一視している本書

の方針からすると、こうした一般性を欠いた理由は「愛の不合理な理由」にしかならないでしょう。前に例に出した花恐怖症（「自分には花が怖い」と言う人）と同じようなものになってしまうのです。

＊8 Grau (2010)。

＊9 大畑（二〇二一）一一八頁。

＊10 同様の点は Kolodny (2003) で指摘されています。

＊11 Frankfurt (2004)、Smuts (2014c)、Zangwill (2013)、McKeever (2019)。

＊12 Han (2021) では、愛を欲求とみなす立場から同様の変化が指摘されています。最初は相手の魅力的な特徴に惹かれていたのが、そのうちに、相手の幸福を願う欲求（しかも、相手の幸福を最終目的とする欲求）が生まれてくるということです。

＊13 愛し合う関係やその歴史がアイデンティティに影響するという点はたびたび指摘されます（Rorty [1986], Nussbaum [1990] chap. 13, Solomon [2002], Kolodny [2003], Grau [2010], Bagley [2015], Naar [2017], Wonderly [2017]）。これに対し、愛し合う関係を強調した愛の説明では片思いが扱えなくなるという点が批判されます（Protasi [2016], Brogaard [2015]）。そうした批判を踏まえ、ここでは片思いにも当てはめられるように、誰かを愛している個人がかける時間や労力の歴史を強調する書き方にしています。相手が自分のアイデンティティを構成するのではなく、相手に対する自分の愛が自分のアイデンティティを構成するということです。

＊14 Helm (2021)。

＊15　自分の利害関心を捨てて相手の幸福を願うことが愛だという点はよく指摘されます。たとえば、Velleman (1999)、Frankfurt (2004) p.84、Rorty (2016)、McKeever (2019)。

＊16　「相手への愛が自分の一部になっている」という事実が愛の理由にならないなら、それは愛を存続させる無合理な事実ということになるでしょう。

＊17　愛に理由があると主張したい人は、次のような文献を参照してみてください。Kolodny (2003)、Abramson and Leite (2011)、Protasi (2016)、Naar (2017)。

＊18　次章以降で説明する無合理な仕組みは、愛に理由が存在する可能性を否定するものではありません。そのため、もし適切な愛の理由がみつかったら、代替不可能性は理由と無合理な仕組みの両方から成り立っていると主張することができます。

第3章

愛は本能なのか

——進化生物学

早起きしてなけりゃなんねえ時も
貧乏でなきゃいけない時も
前は本気でヤだった奴も
今はそれほどでもねーよ

The ピーズ／好きなコはできた

愛する人のそばに近づくと、気持ちが高まり、心臓がドキドキします。相手と会えていなくても、一緒にいることを想像してウキウキしたり、自分も相手に好かれているかどうか不安になったりします。また、眠れなくなったり食欲が落ちたりすることもあるでしょう。

　こうした恋愛の症状は異なる文化圏でも同じように現れるようです。人類学者のヘレン・フィッシャーは、文化人類学者たちが一六六の文化圏から得たデータを調べ直し、そのうちの一四七の文化に恋愛の症状をみつけました。残りの一九の文化はどうなのかというと、そこに恋愛が存在しないという確たる証拠があったわけではなく、調査に行った研究者がその文化の恋愛について十分に調べていなかっただけだそうです[1]。

　この結果をみると、愛は人間という生き物がもつ普遍的な心の状態だと考えられます。文化が違うと常識や価値観、ものの見方・考え方が違ってきますが、愛には人間がもつ本能的な側面があり、そこに生物学的な基礎があることを示しています。

　本章では、生物としての人間の仕組みから愛を考えていきたいと思います。誰かに恋心を抱くとき、私たちの体で何が起こっているか、また、その体の仕組みは何のために備わったものなのかを考えていきましょう。

激しい恋

恋に落ちると、先ほど挙げたさまざまな症状が現れます。こうした症状が生まれる主な原因は、ドーパミンという脳内物質です。ドーパミンが分泌されると、高揚感や爽快感が得られます。また、集中力が高まったり、確固たる目的をもった行動に駆り立てられたりします。恋のウキウキやドキドキ、そして、対象となる人と付き合おうと奮闘するエネルギーは、ドーパミンのしわざなのです（図表7）。

ドーパミンは「脳内麻薬」とも言われます。ドーパミンが分泌されると、快楽を生み出す「報酬系」と呼ばれる脳内回路が働くのですが、その回路はアルコール、コカイン、ヘロインによっても刺激されます。恋愛を中毒にたとえる話は昔からありますが、こうした脳の様子をみると、恋愛は比喩ではなく文字通り中毒であるようです。[2]

脳内のドーパミン濃度が上がると、眠れなくなったり、食欲がなくなったりもします。また、ドーパミンの派生物質であるノルエピネフリン（ノルアドレナリン）も、こうした生理的変化を生み出します。そして、ドーパミンやノルエピネフリンが多く分泌されると、それ

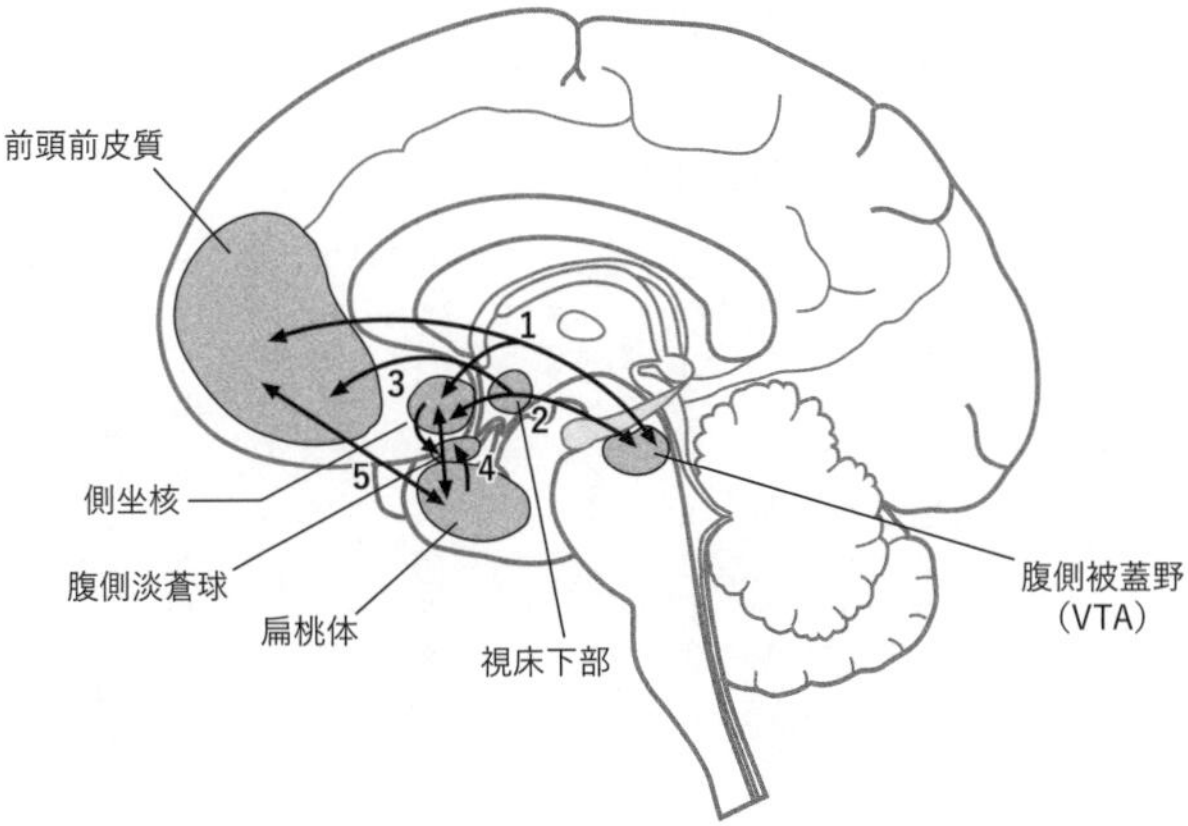

セックス・恋愛・不貞行為との関連が論じられる回路

①ドーパミンが報酬系を活性化させる

②オキシトシンがドーパミン放出を促進する
（この現象は、新しく母親になった女性の脳内で起こる）

③オキシトシンが報酬系へと放出される

④扁桃体から放出されたバソプレッシンが報酬系を刺激する

⑤前頭前皮質が、皮質下で生じる衝動を抑制する

ヤング＆アレグザンダー（2015）p.126 の図表をもとに作成。

図表７　愛に関連する脳の働き

に影響されるかたちでセロトニン分泌量が低下します。セロトニンは心を落ち着かせる作用があるのですが、それが少なくなってしまうのです。すると、強迫観念のような「侵入思考」が生まれてきます。自分では考えたくないような物事が勝手に頭に入り込んでしまうということです（強迫神経症の患者は脳内のセロトニン分泌量が下がっており、その治療のためにセロトニンを増やす薬が処方されます）。こうした侵入思考は恋愛にもみられます。好きな人に関する考えが勝手に思い浮かんできてしまい、自分の力で考えをやめることが難しくなってしまうのです。

　ドーパミンやノルエピネフリンの増加はまた別の影響をもたらします。それはテストステロンの増加です。テストステロンは筋肉や骨を作るうえで重要な役割を果たすホルモンですが、同時に、性的な欲望や行動にも関係しています。筋肉増強のためにテストステロンを注射することがあるのですが、そうすると、性的な思考を抱きやすくなり、性的接触も多くなるそうです。また、このホルモンは年齢とともに減少するので、性欲は加齢とともに少なくなっていきます。

　以上から恋愛と性欲の関係がみえてきます。激しい恋に落ちて、相手のことを考えずにはいられなくなって、ウキウキしたり眠れなくなったりするとき、それと同時に相手と性行為をしたい欲求が生まれてきます。恋愛の愛が家族愛や友情と違うのは、まさに相手に性的な欲求をもつ点です。**恋愛に伴う生理的状態は性欲を高める**のです。[3]

ここまでの話を読んで、「恋愛と性欲を混同するのは間違っている」と思った人もいるでしょう。注意しなければなりませんが、恋愛に性欲が関係するからといって、性欲があれば恋愛だと言えるわけではありません。実際、何の恋心も抱いていない相手に対して性的欲求をもつこともあります。性欲は恋愛と他の種類の愛とを区別する指標の一つではありますが、決定的な条件ではないのです。

それでも「恋愛と性欲はまったく別物なので、両者を関連づけること自体が間違いだ」と思う人もいるかもしれません。しかし、性欲から切り離された「精神的な恋愛」という考えは、実のところ特定の歴史的・社会的要因と深く結びついています。それについては次章の「宮廷風恋愛」のところで説明したいと思います。

落ち着いた愛

ここまで取り上げていたのは胸を焦がすような激しい恋心、「熱愛」と呼ばれるものですが、愛には別のかたちもあります。たとえば、**相手と一緒にいることで安心感を得たり、相手との一体感を感じたりする愛**があります。こうした状態は熱愛とは区別されて「愛着」と呼ばれます。

愛着の生理的状態をみてみましょう。そこにはオキシトシンやバソプレッシンと呼ばれるホルモンが関わります（図表7、97頁）。

オキシトシンは「母性ホルモン」とも呼ばれます。というのも、このホルモンは出産の最中に分泌されるからです。オキシトシンは子宮を収縮させ、それによってお産が促進されます。また、オキシトシンは乳腺を刺激して母乳を生産させます。

それだけでなく、オキシトシンは母と子の一体感、愛着を生み出すうえでも働いているようです。ここでネズミを使った研究をみてみましょう。その実験は、性交渉を経験していないメスのネズミ一二三匹の脳にオキシトシンを注入し、その後で子ネズミを見せるというものです。すると一三匹のうち六匹は、子ネズミを運んだり、上に覆いかぶさったり、体を舐めたりと、母親らしい行動をとったそうです。[4]

人間の場合でも、血中のオキシトシン濃度が高いほど、赤ちゃんの顔や目を見つめたり、声に耳を傾けたり、自分から声をかけたり、髪を撫《な》でたり抱きしめたりする行動が増えます。また、赤ちゃんが母親の乳房を触ったりする際にオキシトシンが分泌されます。オキシトシンが母と子の絆を作り出しているのです。

実のところ、オキシトシンは恋愛にも関わります。とくにわかりやすいのは性交渉のときです。生殖器や乳首が刺激されたりオーガズムが経験されたりするとき、女性はオキシトシンの分泌量が上昇します。それによって性交渉の相手に対する愛着が生まれるわけです。

他方で、男性がオーガズムを感じるときにはバソプレッシンの分泌量が上昇します。バソプレッシンも愛着に関わるホルモンです。再びネズミを使った研究をみてみましょう。その実験に使われたのはプレーリーハタネズミという種類のネズミで、このネズミは通常オスとメスがつがいを作り、交尾した相手と一緒に子育てをします。その実験は、オスとメスを交尾させずに数時間一緒にさせ、そのうえでオスの脳にバソプレッシンを注入するというものでした。するとそのオスは、たとえメスに無視されようとも、そのメスと一緒にいることを好んだそうです。また別の実験では、オスの脳内のバソプレッシン生産が遮断されました。するとそのオスは、あるメスと交尾したかと思うと、すぐさま他のメスと交尾しにいったそうです。バソプレッシンがないと愛着を抱けないのです。以上から、バソプレッシンも性交渉の相手に対する愛着を生み出していることがわかります[5]（図表7、97頁）。

子孫を残す仕組み

ここまでの話からすると、恋をすると性欲が高まり、性交渉に至ると愛着が生まれることになります。この一連の仕組みにはある利点があります。それは、子供を作って育てることです。

恋をすると、特定の相手（恋する人）に関する高揚感が生まれ、その人のことしか考えられなくなります。すると、恋愛状態によって高められた性欲が相手に集中して向けられるようになります。その相手と性交渉をしようといろいろと奮闘するわけです。性交渉がうまくいけば、もちろん、自分の遺伝子をもった子供を作ることができます。**激しい熱愛には、自**

分の遺伝子を受け継ぐ子孫を残す行動を仕向ける役割があるわけです。

次に役割を果たすのは愛着です。**愛着が生まれることで、性交渉が終わった後も相手との関係が維持されます。**この関係は、性交渉によってできた子供を協力して育てるためのものです。もし愛着がなかったら、先ほどみたバソプレッシン生産を阻害されたネズミのように、すぐさま他の相手に目移りしてしまうでしょう。もちろん、性交渉が終わるとさっさと相手のもとから去ってしまう生き物もいますが、私たち人類はそこで相手と協力して子供を育て、自分の遺伝子を受け継ぐ子供を確実に成長させる戦略をとっているわけです。[6]

以上のような説明は「進化生物学」または「進化心理学」と呼ばれる領域に属します。進化生物学とは、生き物の特徴を生存・繁殖に役立つために進化したものとして理解しようとする学問で、その枠組みで心の特徴も理解しようとするのが進化心理学です。ここで取り上げた熱愛から愛着に至る仕組みを備えた個体は、その仕組みをもっていなかった個体よりも自分の遺伝子を残す可能性が上がります。その個体の子供も恋の熱愛から愛着に至る仕組みをもっており、また次の世代に遺伝子を残すでしょう。このように、愛は遺伝子を残す仕組みとして進化してきたものだというわけです。

そして、ここまで述べてきた愛の進化生物学的説明には二つの利点があります。

一つは、序論で挙げた**恋と愛の違いを捉えられる**というものです。序論では、自分本位な恋がそのうち他人本位の愛にかたちを変えると述べていました。この変化は、性的な欲求を含んだ熱愛から、子育てのパートナーを大事にする愛着へと変わっていくことだと理解できるでしょう。ラブソングの歌詞に表れていた恋と愛の違いには、以上のような進化生物学的な背景があるわけです。

もう一つの利点は、前章で問題となった**愛の代替不可能性を説明できる**ことです。現在愛している人よりも何らかの点で優れた人に出会っても目移りしないのは、自分の遺伝子をもった子供を育てる関係を維持するためだと理解できます。すぐ目移りしてしまうようだと、子育てに専念できず、自分の子供が危険にさらされるかもしれません。愛する人を簡単に変えられないのは、遺伝子を残すための仕組みとして進化によって備わった特徴だと理解できるのです[7]。

生物学的な無合理性

ここで挙げた生物学的な仕組みは、代替不可能性を成り立たせる**無合理な要因**です。というのも、生物学的な仕組みは生まれながらに人間に備わっているものであり、「納得できる理由があるので備えつける／納得できないから備えつけない」といった選択ができるものではないからです。愛する人を簡単に変えられないのも、納得できる理由があるかどうかとは無関係に、生物学的にすでに決められていると言えます。

しかし、これに対して「生物学的な仕組みは合理的なものではないか」と思った人もいるかもしれません。というのも、生物学的な愛の仕組みは、子孫を残す効率を上げるものだからです。この仕組みを備えた生き物は、そうでない生き物よりも子孫を残す確率が高いでしょう。

ですが、第2章でみたように、本書では「合理性」を、効率の良さではなく、「納得できる理由がある」ことと定義していました。効率が良いことは納得する理由の一つにはなりますが、納得する理由がすべて効率に関わるわけではありません。効率が良くても納得できないこともあるわけです。

愛はまさにその例でしょう。「あなたとこの人の子供はきっと丈夫に育つだろうから、この人を愛して子供を作りなさい」と言われても、納得できるとは限りません。子孫を残すために効率が良いことは、納得できる愛の理由にならないのです。

この点は「効率が良いことで得するのは誰か」を考えてみると明確になります。子孫を残す仕組みとしての愛の恩恵を受けるのは、私たち一人一人ではありません。私たち一人一人は寿命がくれば死んでしまいますが、私たちの遺伝子は、生物学的な愛の仕組みがあることで子孫へと受け継がれていきます。つまり、**生物学的な愛の恩恵を受けるのは遺伝子であって、実際に愛を抱く私たち一人一人の人間ではない**のです。

生物学的な愛の効率の良さは個人を超えたところで成り立つものであり、個人が納得できるものとは限りません。生物学的な愛の仕組みは「遺伝子を残すのに効率が良い」という点では「合理的」と言えても、私たち一人一人が納得する理由という点からみれば、無合理なものになるわけです。

同性愛行為

ですが、子孫を残す仕組みとしてはうまく説明できない点もあります。それは同性愛行為です。というのも、同性愛行為をしても子孫は作れないからです。

そうすると、同性愛行為は生物の仕組みや進化といった自然に反した異常なものに思えるかもしれません。ですが、そう考えてしまうのは短絡的すぎます。というのも、同性愛行為は多くの動物によくみられるものだからです。ニホンザル、ゴリラ、ボノボ、ハイエナ、キリン、イルカ、ヒツジ、ペンギン、バイソンなど、五〇〇種類以上の動物で同性愛行為が報告されています。[8] **同性愛行為は自然の世界にありふれており、不自然でも異常でもない**のです。

同性愛行為がこれだけありふれているなら、そこにも何か役割があるはずです。子孫を残せないとしても、何かしら利点があるからこそ同性愛行為が多くの動物で行なわれているのでしょう。

その役割を説明する広く受け入れられた仮説はまだないのですが、とはいえ、たびたび指摘されるのは、同性愛行為はコミュニケーションの役に立つという点です。たとえ子供を作れなくとも、互いの生殖器を刺激したり性的絶頂を得たりすることで、緊張をほぐしたり、攻撃性をおさえたり、親密さを深めたりして、個体を生き延びやすくさせることができます。[9]

ただ、このようにして同性愛を扱えたとしても、それとは別に進化生物学的説明では捉えられない要素があります。子孫を残したりコミュニケーションをとったりするといった進化的役割、言い換えると、愛が備わった**起源**を指摘したとしても、**現在の**愛がすべて説明されるわけではありません。この点を理解するためには、愛の持続時間について考えてみるのがいいでしょう。

生物学的説明の限界

本章の冒頭で紹介したヘレン・フィッシャーは、世界の五八の地域の離婚した夫婦の記録を調べてあることに気づきました。それは、別れた夫婦は結婚してから四年あたりで別れる傾向にあるということです。

四年という期間は何を意味するのでしょうか。四年は、つきっきりの子育てが終わる頃と一致しています。それ以前は、ご飯を与えたり、あやしたりするために子供から離れることができません。ですが子供が三歳くらいになると、子供を他の家族などに預け、親が仕事に出ることも可能になります。

この点を踏まえると、四年で愛が冷めて離婚してしまうのは、フルタイムの育児から解放され、強固なパートナー関係を維持する必要がなくなったからだと理解できるでしょう。愛着によるパートナー関係の構築には生物学的な要因がありましたが、その関係が一定の期間で解消されがちであることにも生物学的な要因があるのです[10]。

この点は人間以外の動物にも当てはまります。キツネやコマドリもオスとメスがつがいを作って子供を育てますが、つがいで子育てをするのは、片方が子供を守り、もう片方が餌を探しにいくためです。子供が一人で生きていけるまで成長すると、つがいは解消されます。そして、次の年には新しいパートナーと子供を作って育てるようになります。

実のところ、**短期間でパートナーを変えるのは生物としては好ましい**ことです。というのも、パートナーを変えると遺伝子の多様性が確保されるからです。前と同じパートナーと二人目の子供を作った場合、新しく生まれた子供は前の子供とおおよそ同じ遺伝子をもっているでしょう。両親が同じだからです。しかし、パートナーを変えて子供を作れば、片方の親の遺伝子が違うので、新しい子供の遺伝子は前の子供とは異なるものになります。

こうした遺伝子の多様性は進化にとって重要です。というのも、全員が同じ遺伝子をもっていたら、全員同じ原因で死滅してしまうかもしれないからです。たとえば、その遺伝子の弱点となる病気が流行ったら一巻の終わりでしょう。ですが、遺伝子に多様性があれば、その病気に耐性をもつ子供もいるかもしれません。耐性をもつ子供は、病気で他の仲間が死んでしまっても、生き残って遺伝子を残すことができます。このように繁殖という観点からすると、子供が育ったらパートナーを変えるのが好ましいわけです。

永続性の理想

では、人間の愛はどうでしょうか。生存・繁殖の道具にすぎないのでしょうか。

前述の通り、離婚する夫婦は四年で別れる傾向にありますが、一度も離婚しない夫婦も数多くいます。フルタイムの育児から解放されても、子供が独立して家を出ていっても、子供を作れない年齢になっても、一緒に暮らす夫婦は多くいます。どちらかが死ぬまで一緒に暮らしている夫婦をみたとき、それが理想的な愛であるように思えるかもしれません。すると、子孫を残すための仕組みとして備わっている愛と、私たちにとって理想的な愛は異なっていることになります。

確かに、子育てが完了したという理由で離婚する夫婦も少なくありません。そのため、愛が子育てのための装置という考えも理解できるところがあります。ですが、愛が子育ての装置に**すぎない**というわけではないでしょう。愛する人と結婚したり子供を作ったりするときに、最初から「子育てのあいだだけ一緒にいよう」と思っている人はそういません。むしろ最初はみんな「生涯この人と一緒にいよう」と思っているのではないでしょうか。その目論見が外れて離婚することはあるのですが、私たちが理解している「愛とはこういうものだ」ということ、つまり「愛の概念」のなかには、「生涯を共にする」という要素が含まれています。愛は子育てが終わっても続く永続的なものだと考えられているのです。

ここで「愛の永続性は理想的なものであり、現実の誰もが手に入れられるものではない」という反論があるでしょう。確かにそうです。ですが、重要なのは次の二点です。まず、永続的な愛を手に入れられなかった人でも**この理想を理解できる**こと、そして、この理想は**生**

物学的な仕組みからは導かれないことです。[11]

生物学的な仕組みは、子育てのための装置としての愛しか与えてくれません。しかし、私たちが理解している「愛」は生物学的な仕組みに尽くされません。そうである以上、そこには生物学な本能を超えた要素が含まれると考えなければなりません。言い換えると、生物としての人間ではなく、社会的・文化的な存在としての人間が抱く愛を考えなければならないのです。生物学的な仕組みを超えた長さの愛は、社会的な仕組みによって与えられているということです。

パートナーは何人？

永続性に関する論点だけでも愛が生物学的な仕組みに尽くされないことを示すのに十分ですが、さらに別の補助的な論点を付け加えておきましょう。それはパートナー関係となる人の数に関わります。

前述の通りフィッシャーによれば、愛着は子育てのためのパートナー関係を維持する仕組みです。つがいの片方は子供につきっきりになる必要があるので、もう片方が食料を探しに行かなければなりません。この分担のためにオスとメスが一緒に子育てをしているわけです。フィッシャーは、私たちの祖先も原則として一雄一雌のパートナー関係で生活していたのではないかと述べています。[12]

こうした考えが正しいとしても、それで話が終わりになるわけではありません。というのも、人間の社会では、一部の者が複数の性的パートナーをもつことがあるからです。イスラム教では一夫多妻制が認められ、現在でもアフリカのいくつかの国では実践されています。一妻多夫の文化も（一夫多妻に比べると少ないですが）存在します。また、日本でも戦前までは愛人や妾《めかけ》といった（公的に妻として認められてはいない）一夫多妻に準じた関係がよくみられたそうです。[13]

一部の者が複数のパートナーをもつようになった要因としてよく指摘されるのは、生活形態の変化です。人類の祖先は毎日食料を調達しなければならない狩猟／採集生活を送っており、そのときには一人のパートナーとその子供を養うのがやっとでした。しかし、人類が農業を行なうようになり、食料や富を蓄えられるようになると、多くの蓄えがある一部の者が複数のパートナーと多くの子供たちを養うことができるようになりました。つまり、祖先ではできなかったようなパートナー関係が可能になったのです。[14]

このように人類は、自身の生活環境を徐々に作り変え、祖先とは違った形態で生活するようになりました。その変化は愛にも影響するでしょう。ここまで取り上げてきた生物学的な愛の仕組み、激しい恋から愛着に至る仕組みは、狩猟／採集生活で役立つものとして進化してきたものです。ですが、**人類の生活形態が変化すると、それに応じて愛のあり方も変わってくる**のです。

ここで改めて考えてもらいたいことがあります。みなさんは一夫多妻や一妻多夫についてどう思うでしょうか。「パートナー全員を平等に愛せているのだろうか」という疑問が湧いてくるかもしれません。もしその疑問が湧いたなら、「愛する人は一人だけで、その人と結婚すべきだ」という前提があるはずです。現代の日本では確かにそれが常識となっています。ですが、一夫多妻や一妻多夫が認められている文化圏ではそうではないでしょう。恋愛の愛は複数の人に対して抱けるとか、愛に順番がついていてもいいと考えられているかもしれません。

さらに注意すべき点があります。本章では一雄一雌でつがいを作って子孫を残す仕組みについて説明してきましたが、**「つがいを作る」ことと「結婚」は同じではありません**。というのも、愛する相手と子供を作って育てるために、結婚は不可欠ではないからです。結婚は国や宗教がパートナー関係を公的に承認する制度ですが、公的な承認がなくても子供は作れます。実際、人類の祖先は国や宗教が成立する前から、愛によってパートナー関係を作り、子孫を残しています。また、現代でもすべての愛し合う人々が結婚しているわけではありません。誰かを愛する生物学的仕組みは、結婚という社会制度とは別に働いているものです。

それでも、結婚と愛（および子育て）には何か重要な関係があると思われるでしょう。確かに、現代の日本の私たちが思う「愛」は結婚と深く関わっています。しかし、その関わりは生物学的な仕組みだけでは説明できません。そのため、社会的な影響についても考える必要が出てきます。

＊

本章の考察をまとめましょう。愛に関連する脳や身体の反応は、子孫を残したり仲間との絆を深めたりするために進化的に獲得されたものであり、また、前章で取り上げた代替不可能性を成り立たせる無合理な仕組みです。しかし、この仕組みでは「愛する人と一生添い遂げたい」という永続性の理想は説明できません。それを理解するためには社会的要因を検討する必要があります。

次章では、社会制度としての結婚が愛にどういう影響を与えたか、愛の歴史社会学的な面をみることにしましょう。

*1　フィッシャー（二〇〇七）二六頁。

*2　フィッシャー（二〇〇七）二八二頁、リンデン（二〇一四）一三九頁、ヤング&アレグザンダー（二〇一五）二九五頁。

*3　ここでは恋愛が性欲を生み出すと述べましたが、逆に、性欲が恋愛を生み出す場合もありえます。フィッシャーの友人は、数年間セックスだけの関係を続けていた相手に対し、あるとき急に激しい恋心を抱いたそうです。フィッシャー（二〇〇七）一四三～四頁。

*4　ヤング&アレグザンダー（二〇一五）一六〇～五頁。

*5　フィッシャー（二〇〇七）一四七頁、ヤング&アレグザンダー（二〇一五）二五八頁。

*6　フィッシャー（二〇〇七）一五二～三頁、バス（二〇〇九）六〇頁。人間が長期的な子育て関係を結ぶのは、子供が複雑な社会的技能を学ぶために時間がかかるからだと言われます（ヴィン

ター［二〇一九］一七四頁）。

＊7　フランク（一九九五）第10章。

＊8　リンデン（二〇一四）一三四頁。

＊9　モアレム（二〇一〇）二〇九頁。

＊10　フィッシャー（二〇〇七）二一〇～三頁。

＊11　詳しくは次章と次々章で説明しますが、本書は、心の状態としての愛は愛の概念を通して構築される、と主張する構築主義を部分的に支持します。とはいえ、完全な構築主義ではなく、生得主義との両立案を提案します。

＊12　フィッシャー（二〇〇七）二〇八頁。他方で、人類の祖先は一夫多妻制だったと主張する研究者もいます（ミラー［二〇〇二］一〇四～六頁）。その場合、一夫多妻から一夫一妻への変化が愛に文化的要因が入り込んでいることを示す証拠となるでしょう。一夫多妻制から一夫一婦制への移行には、男性のテストステロンを抑制して攻撃性や活動性を抑える社会的仕組みがあるかもしれないと言われることもあります（ヘンリック［二〇一九］四八二～三頁）。

＊13　山田（二〇一九）一〇〇～一頁。

＊14　ライアン&ジェタ（二〇一四）三二五～七頁、ネシー（二〇二一）三七二頁。

第4章

愛は普遍的か

——歴史社会学

この恋がいつの日か　表彰台にのぼる時
君がメダルを　受けとってくれないか
たとえば千年　千年じゃ足りないか
できるだけ　長生きするから

THE HIGH-LOWS／千年メダル

前章の最後でみたように、愛のすべてが生物学的に決められているわけではありません。一度に愛せる人は何人か、どういった人が愛する相手としてふさわしいか、人を愛したときにどういった行動をとるか……こうした物事にそれぞれの時代や文化、社会が影響を与えます。社会が違えば愛のあり方も違ってくるのです。

愛に多大な影響を与える社会的要因は、なんといっても結婚です。「愛する人と結婚したい」「愛する人と結婚すべきだ」「愛がなければ結婚できない」など、現代の私たちが愛を語るときには結婚の話がついてまわります。愛と結婚が一体化していることが当然に思えるでしょう。だからこそ「配偶者がいる人を愛するのは不適切」と言われます。婚姻関係を脅かす愛は、道徳に反する「不倫」だとみなされるわけです。

本章では、社会制度としての結婚と愛の影響関係を検討します。過去の歴史や世界中の文化をみてみれば本当にさまざまな愛をみつけることができますが、ここでは現代日本の私たちが抱く愛に大きな影響を与えたものだけ取り上げたいと思います。

中世の宮廷風恋愛

恋愛に関する歴史学や社会学の研究ではほぼ必ず、中世（一二世紀頃）ヨーロッパの「宮廷風恋愛」が取り上げられます。「宮廷」という名前が示している通り、この恋愛は城に住んでいた貴族、そして騎士と関係があります（そのため「騎士道的恋愛」とも呼ばれます）。重要なのはこの恋愛が、騎士と、騎士が仕えている領主の妻のあいだのもの、つまり、既婚女性との関係だということです。この点について当時の時代状況も含めて少し詳しく説明しましょう。

「騎士」というと、鎧を身につけて馬に乗って戦う兵士が思い浮かぶでしょう。もちろん騎士は戦争や軍事で重要な役割を果たしますが、正確には、騎士は「封建制」という制度の一部として特徴づけられるものです。

封建制とは、土地をもつ領主が家臣に土地を与えて保護し、家臣はその見返りとして君主にさまざまな奉仕を行なう、というものです。そうした奉仕の一つが軍役で、それを行なう人々が騎士でした。騎士には貴族の身分をもつ人も含まれますし、また、高価な鎧や馬を揃えられる財産も必要でした。その点で騎士は、単なる戦闘要員ではないという自負心や階級意識をもった人々でした。[1]

このように騎士は領主に仕えるものですが、先ほど述べた通り、その領主の妻と騎士とのあいだの愛が宮廷風恋愛と呼ばれるものです。領主は戦争などで自分の城を留守にしなければならないことがありますが、そのときに残された城や妻を守る人がいなければなりません。その役目を与えられた騎士が、あろうことか君主の妻と恋愛関係になってしまうわけです。とはいえ、宮廷風恋愛は肉体的な関係ではありません。というのも、君主の妻と騎士とでは身分が違い、肉体関係をもって子供を作ってしまってはとんでもないことになるからです。そこで宮廷風恋愛では精神的な愛がもち上げられるようになりました。肉体的な愛ではなく、精神的な愛こそが本物の愛だと考えられるようになったのです。[2]

ここには現代の私たちが抱く愛の概念の一端が垣間みえます。肉体的な愛よりも精神的な愛を重視するのもそうですが、男性（騎士）が女性（領主の妻）を守る、障害（身分の違いなど）があるからこそ燃え上がる、報われなくても思い続ける、といったものです。意外かもしれませんが、**現代的な恋愛の起源の一つは婚外関係にある**のです。

女性を高貴な存在として崇《あが》め、忠誠を尽くし、精神的な愛を捧げるという宮廷風恋愛は、

「トルバドゥール」と呼ばれる吟遊詩人によって広められました。トルバドゥールは身分の低い旅芸人ではなく、宮廷に仕える騎士であったり、なかには領主であったりする人もいます。たとえば、最古のトルバドゥールとして有名なアキテーヌ公ギヨーム九世は、当時のフランス王家を超える領土を有していました。とはいえ、大多数のトルバドゥールは城主の長男以外の息子や土地を失った騎士で、詩を作って生計を立てていました。彼らはさまざまな宮廷を渡り歩き、南フランスやイタリア北部、スペイン北部などで宮廷風恋愛のあり方を詩によって伝えていきました。こうして貴族社会に宮廷風恋愛が浸透していったのです。[3]

ラブソングと愛の関係を考える本書にとって、トルバドゥールの存在は重要です。トルバドゥールたちが作った詩は、「愛とはこのようになされるものだ」という考えを広める役割を果たしました。つまり、歌が愛の概念を広める役割を果たしたのです。そうすると、現代のラブソングにもその役割があるはずだと考えられます。この点については、愛に関する議論の後、ラブソングについて本格的に考えるところで再び取り上げたいと思います（第7章）。

愛と結婚は別物

先ほど説明した通り、現代的な愛の概念の源流の一部は婚外関係にあるわけですが、では、婚姻関係はどうなのでしょうか。中世の恋愛と結婚はどのような関係にあったのでしょうか。結論から言ってしまえば、現代とは異なり、昔の結婚と恋愛は別々に行なわれていました。愛と結婚が結びつくのは近代（一八世紀）になってからです。まず、近代以前の結婚をみてみましょう。

近代以前の貴族の場合、結婚の目的は一族の名誉や領地を維持・拡大させることでした。そのため結婚相手を決めるときには、家柄同士の釣り合いがとれているか、その家とつながりをもつと政治的に有利になるのか、といった点が重要となります。結婚には当事者同士の合意が必要だという法律はあったのですが、実際に受け入れられていたわけではなく、両親や親族が縁談を取り決めていました。現代的な言い方をすれば「政略結婚」です[4]。

現代の私たちからすると「政略結婚」は、「愛していない相手とさせられる不当な結婚」と思われるでしょう。こうしたイメージが浮かぶのは、「恋愛結婚こそが本当の結婚だ」という考えがあるからです。だからこそ愛のない結婚は不当に思えるわけです。

しかし、改めて考えてみると**恋愛と結婚は簡単に両立するものではありません**。というのも、結婚は安定したパートナー関係を求めるものであるのに対し、恋愛のパートナー関係はそうではないからです。結婚は夫婦を経済的・社会的なペアとするだけでなく、その親族まで結びつける制度です。そのため、パートナーとなる二人の財産や身分が釣り合っていることが重視されます。他方で恋愛は、いつ、誰に対して生まれ、どれくらい長続きするかわかりません。釣り合っていない相手に対して恋心が生まれてしまう可能性もありますし、数年経ったら別の人を好きになってしまうこともあります。つまり、**恋愛には結婚に求められる安定性がない**のです。[5]

このように対立する恋愛と結婚の関係を解決する一つの方法は、二つを独立させてしまうことです。つまり、恋愛と結婚は別々のものだと割り切ってしまうのです。昔の貴族はまさにそうした方法をとっていました。結婚は社会的・経済的パートナーを作るために政略的に行なうものであり、愛する人とするものではありません。むしろ恋愛は結婚の外で行なうものでした。先ほどみた宮廷風恋愛もそうですし、男性の貴族には公的な愛人がいました。

そうすると、昔の「政略結婚」は何も不当ではないことがわかります。現代の私たちは恋愛と結婚を結びつける習慣があるため「政略結婚」が不幸にみえてしまいますが、結婚はそもそも政略的に行なうものだったのです。[6]

　では、貴族以外はどうでしょうか。貴族以外の庶民階級、職人や農民の場合でも、やはり結婚にとって重要なのは経済的な事情、言い換えると、共に働くパートナー関係を築くことでした。当時は、夫婦どちらも体をはって種々の労働に携わっていましたし、何なら子供も働いていました。全員が働かなければ暮らしていけなかったのです。夫婦仲が悪くなって別居してみても、一緒に行動する方が便利だからと元に戻ることもあったそうです。また、夫婦のどちらかが亡くなると、働き手の欠員を補うためにすぐさま再婚がなされました。[7]

　このように、貴族以外の結婚にとっても恋愛は不可欠ではありませんでした。それを示すように、一七世紀のフランスやドイツの農民夫婦では、キスなどの肉体接触はめったにみられなかった（婚外交渉をもつ際にはあった）と言われています。[8]

近代の市民家族

結婚と恋愛が結びつくのは近代になってからです。一八世紀には産業革命が起こって工業化が進み、資本主義経済が広まりました。また、イギリスやフランスで起きた市民革命では、封建制や王政といった身分制度に大きな打撃が与えられました。こうした動向の中心にあったのが「市民」です。

ここで言う「市民」は単なる都市の住人ではありません。「中流階級」や「ブルジョワジー」と呼ばれる人々、より具体的には、いろいろな地域をまわって経済活動を行える企業家、工場経営者、貿易商、そして、役人や教師、法律家といった教養市民と呼ばれる人々です。

市民の生活の特徴の一つとして、**職場と生活の拠点が分離している**点が挙げられます。近代では、都市の中心部に工場や商店、事務所が作られ、住居は郊外に作られました。農民や職人は働く場所と生活の場所が一体となっていましたが、市民は働く場所と生活の場所が分かれていたのです。

この影響により、住居は、生産活動を行なわない安らぎの場、私的な空間となっていきました。そして、**安らぎの場となった家のなかで愛が重要になってきました。**労働のパートナーではなく、心の結びつきが重要視されるようになったのです。また、工業化によって夫だけが外で働けばいい状況になることで、妻は家で家事をこなす役割を担うようになりました。つまり「主婦」が誕生したわけです[9]。

ついでに言うと、現代的な「子供」という概念が出てきたのもこの頃ではないかという議論があります。近代以前の子供は、可愛がられる存在というよりも「小さい大人」とみなされ、幼いうちから生活を維持するための働き手の役割を担っていました。しかし近代になると、子供は愛らしい存在として、また、教育を施すことで大人になるもの、大人とは別の存在とみなされるようになりました。さらに、子供を育てる役割としての母、その母性愛もこの時期に重視されるようになりました[10]。

以上のように、近代に誕生した「家族」は、経済や労働のチームであると同時に、お互いが愛で結びついた血縁集団でした。私たちが当たり前に思う「家族」とは、実は人類の歴史からすると最近誕生したものであり、また、愛と結婚の一体化もこの時期に現れたものなのです。

そして近代は、市民が力をもち、その価値観が模範として広まっていった時代でした。このときに、貴族でも農民でもない市民の恋愛と結婚のあり方が恋愛の模範となりました。一八世紀後半に起こったこうした動向は一九世紀を通じて普及し、二〇世紀にはヨーロッパやアメリカで一般的なものとなりました。それが日本に入ってきたのは戦後になってからです。[11]

日本の状況

ここで少し日本の状況について触れておきましょう。英語の「ＬＯＶＥ」の訳語として「恋愛」という言葉が生み出されたのは明治時代であり、当時の一部のインテリ層は西洋的な愛の概念を知っていました。とはいえ、その概念は庶民にまで広がってはいません。庶民の結婚は親や親戚が仲立ちする見合いによって決まり、当人が自由に相手を決められるものではありませんでした。[12] また、前章で少し触れたように、戦前には妾や愛人など一夫多妻制的な関係もみられました。[13]

戦後になると新しい憲法が制定され、結婚は親の許可を得ることなく、当事者同士の合意によって可能だということになりました。また、戦後に普及した欧米の映画やテレビドラマを通して、親の反対を押し切ってでも好きな人と結婚するという話が広く知られるようになりました。さらに、一九五九年の皇太子（現在の上皇）の結婚は、自分たちで相手を選び、また、周囲の反対を押し切って成した「恋愛結婚」としてマスコミに取り上げられました。
こうした社会背景のなか、一九六〇年代後半には恋愛結婚が見合い結婚を上回りました[14]（図表８）。

ロマンティック・ラブ・イデオロギー

近代に誕生した「家族」、とくにその夫婦愛には、現代の私たちがもつ愛の概念、そして、愛のあり方の重要な特徴が見出せます。何度も述べている通り、恋愛と結婚が緊密に結びついている点です。ここでその関係を整理しておきましょう。

少し前に説明した通り、恋愛と結婚は対立しかねないものです。恋愛は誰に対して生まれ、どのくらい続くか予想できないのに対し、結婚には安定した経済・社会的パートナー関係が求められます。この対立を解消するために、近代以前の人々は恋愛と結婚を完全に切り離し

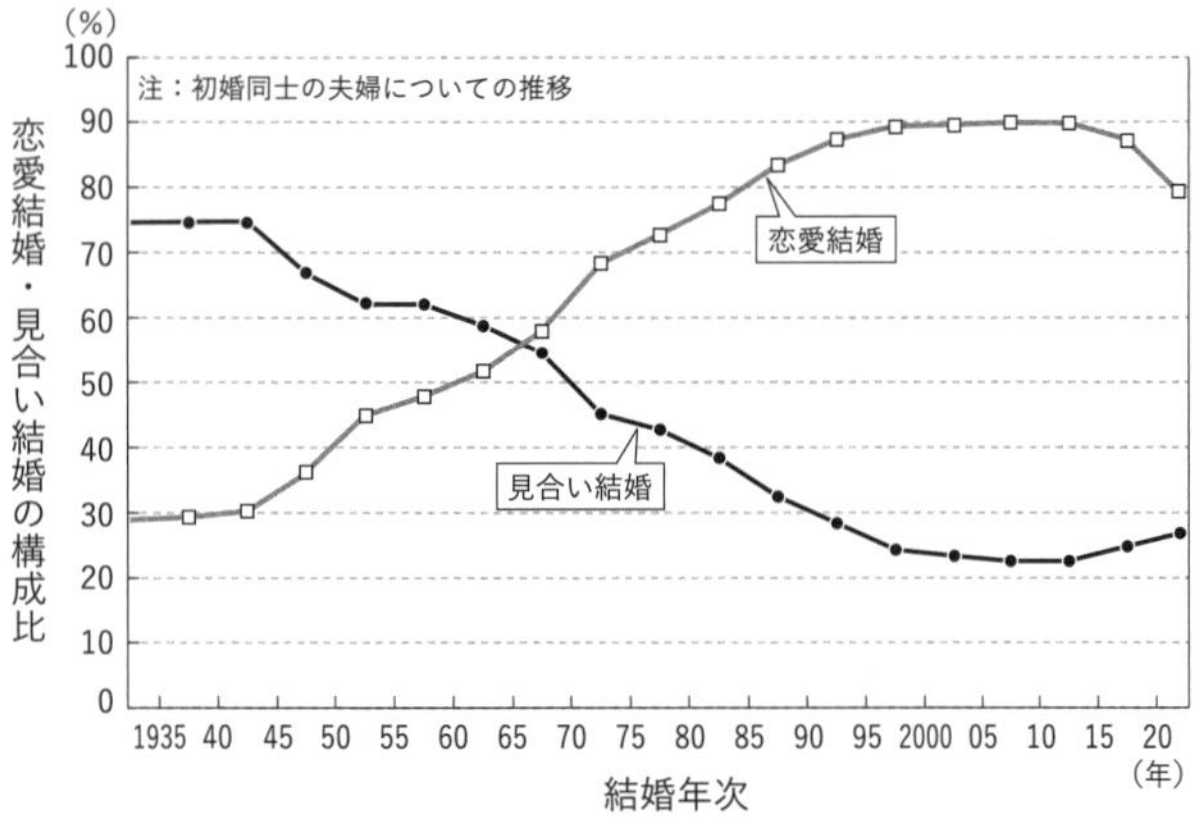

出典）国立社会保障・人口問題研究所「第16回出生動向基本調査」

図表8　見合い結婚と恋愛結婚の推移

ていました。

しかし、近代では恋愛と結婚を結合させるという解決策がとられています。つまり、**恋愛を「結婚したい気持ち」とみなしたのです。**近代ヨーロッパのブルジョワ市民の子供は男女別の学校に通っており、異性とコミュニケーションをとろうとすると結婚を前提とせざるをえませんでした。恋愛は結婚にふさわしい相手とするもの、恋愛は結婚に至る過程の一つとみなされるようになったのです。[15]

このように恋愛と結婚を結びつける論理は、社会学で「ロマンティック・ラブ・イデオロギー」と呼ばれています。言い換えると、生涯をともにする運命の相手と出会う、恋愛小説に描かれるような、物語的（ロマンティック）な恋愛こそが本物だという考え／信条（イデオロギー）です。結婚という安定を求める社会制度のもとにおくことで、恋愛および性欲という予測がつかないものを管理・統制したのです。[16]

「恋愛は結婚相手とするべきだ」という考えが広まると、それが「正しい恋愛」のあり方とされ、同時に「間違った恋愛」や「間違った性」という考えも生まれてきました。恋愛とは子供を作って育てるための愛情関係であるため、既婚者との恋愛、結婚する気のない性交渉、同性愛、結婚したのに子供を作らないことは、道徳違反として非難されるようになったわけです。[17]

以上のように、歴史学や社会学の研究をみてみると、**私たちが当然だと思う「愛」の概念が社会的に作られてきたものだということがわかります。**「成長すると人は特定の異性を好きになり、その人と結婚して一生添い遂げ、子供を作って育てる」という過程は、ごく自然なものに思われるかもしれません。ですが、こうしたイメージは一八世紀後半から広まったもので、人類の長い歴史からすると最近流行している考えにすぎません。それが自然に思われるのは、それを推奨する社会のなかで育ったからです。[18]

もちろん、愛のあり方は現代でも変化し続けています。現代ではいろいろな国で同性婚が認められるようになってきていますし、また、互いに了承したうえで複数の人と愛の関係をもつ「ポリアモリー」を実践する人々も現れています。[19] 時代が変わって常識が変化すれば愛の概念も変化していくでしょうし、概念の変化に影響されるかたちで心の状態としての愛も変化していくでしょう[20]（ところで「愛が社会的に作られたものである」と聞くと、愛が偽物であるかのように感じられるかもしれません。これについては次章の「愛は幻想？」で検討します）。

社会的な無合理性

以上の話から、前章で解決できなかった「永続性の理想」が説明できるようになります。

前章でみた進化生物学的観点からすると、愛は、子孫を残すためのパートナー関係を維持するための仕組みということになります。ですがその関係は、子供がある程度育つまでの数年しか維持されません。そのため、「愛する人と生涯を添い遂げる」という永続性の理想は、生物学的な仕組みでは説明できませんでした。

しかし、ここまでの話を踏まえると、**永続性の理想は、結婚という社会制度と愛が結びつ**

図表9　愛の変遷

くことで生まれたものだと理解できます。結婚はもともと経済・労働のための安定したパートナー関係を構築するための仕組みであり、生物学的な愛の仕組みとは別物でした。しかし、近代以降に恋愛と結婚が結びつけられることで、恋愛にも長期的なパートナー関係が求められるようになりました。それにより、数年しかもたなかった関係が永続的なものになったのです（図表9）。

　こうした社会的な愛の仕組みも、生物学的な仕組みと同様、愛の代替不可能性を成り立たせる無合理な仕組みと理解することができます。**愛する人をそう簡単に変えられないのは、愛が「結婚して生涯を添い遂げる相手にするべきもの」として学ばれているから**です。当事者が納得できる理由があるかどうかとは関係なく、愛はともかく相手を変えてはいけないものだと教え込まれているというわけです。

　社会的仕組みの無合理性は、前章と同じような議論を考えると理解しやすくなるでしょう。社会的な愛の仕組みの恩恵を受けるのは、実際に愛を抱く私たち一人一人ではありません。その仕組みの恩恵を受けるのは、一族または「家門」と呼ばれる存在です。そして、家門にとって都合が良いからといって、それが愛の納得できる理由になるとは限りません。「この人の家柄はとても良く、結婚すれば私たちの家名も上がるので、この人を愛しなさい」と親から言われても、相手を愛せるようになるとは限りません。近代以前の人ならその言い分に納得して結婚したでしょうが、近代以前の結婚には愛は必要ありませんでした。それは納得できる愛の理由ではないのです。前章でみた生物学的な仕組みと同じく、**社会的な愛の効率の良さも個人を超えたところで成り立つもの**であり、そのため個人が納得できるものとは限りません。社会的な仕組みも無合理なものなのです。

生得主義と構築主義

以上からすると、愛は生物学的な仕組みとして始まり、社会的な制度として長続きしていくことになります。この考えは、愛に関する「生得主義」と「構築主義」の統合案となっています。この点について少し説明しましょう。

生得主義とは、人間の心の仕組みや能力は生まれながらに備わっていると考える立場です。現代風に言えば、人間の心の仕組みは、進化によって獲得され、遺伝子や脳にすでに組み込まれているものだと主張する立場です。前章でみたような進化生物学的観点では、こうした生得主義が暗に前提されていたり、あからさまに支持されたりします。

これに対し構築主義は、（心の仕組みに限らず）自然に存在すると思われている物事が、実は人間の社会や文化が作り出したものだと主張する立場です。したがって愛の構築主義は、愛は自然に存在するものではなく、実は私たちの社会や文化が作り出したものだと主張する立場になります。こうした考えは本章でみたような歴史学や社会学でよく強調されます。

愛は自然にあったものか、それとも社会的に作られたものか。こうした問いはよくみかけますが、そこでは生物学的な生得主義と社会的な構築主義が対立させられています。しかし本書のここまでの考察からすると、これら二つは両立するものなのです。

こうした統合案では、人間の心は「塗り絵」のようなものとして理解できます。塗り絵は、輪郭や枠線によって色を塗る範囲があらかじめ決められていますが、何色を塗るかは自由に選べます。人間の心も、生物学的な仕組みによって枠線は決まっていますが、それぞれの時代や文化によって塗られる色が違っています。また、場合によっては色が枠線からはみ出すこともあるかもしれません。たとえば、永続性の理想などは生物学的な枠線からはみ出すものでしょう。とはいえ、いずれにせよ**愛は、生物学的に決められた仕組みに文化的な側面が加わってできあがっている**ものなのです（図表10）[21]。

愛の神秘性

以上のように本書では、愛は生物学的な仕組みと社会的な仕組みの両方によって成り立っていると主張します。しかし、こうした説明に対して違和感をもつ人もいるでしょう。たとえば、この説明は愛から神秘性を奪っているように思われるかもしれません。誰かを愛するようになること、恋に落ちることは、自分の人生の大事件です。そんな大事件を、生物や社会の仕組みという、人間一般に当てはまる物事として説明するのは間違っていると思われるかもしれません。

ですが、そうではありません。本書の考えは、そうした神秘性を否定するものではなく、

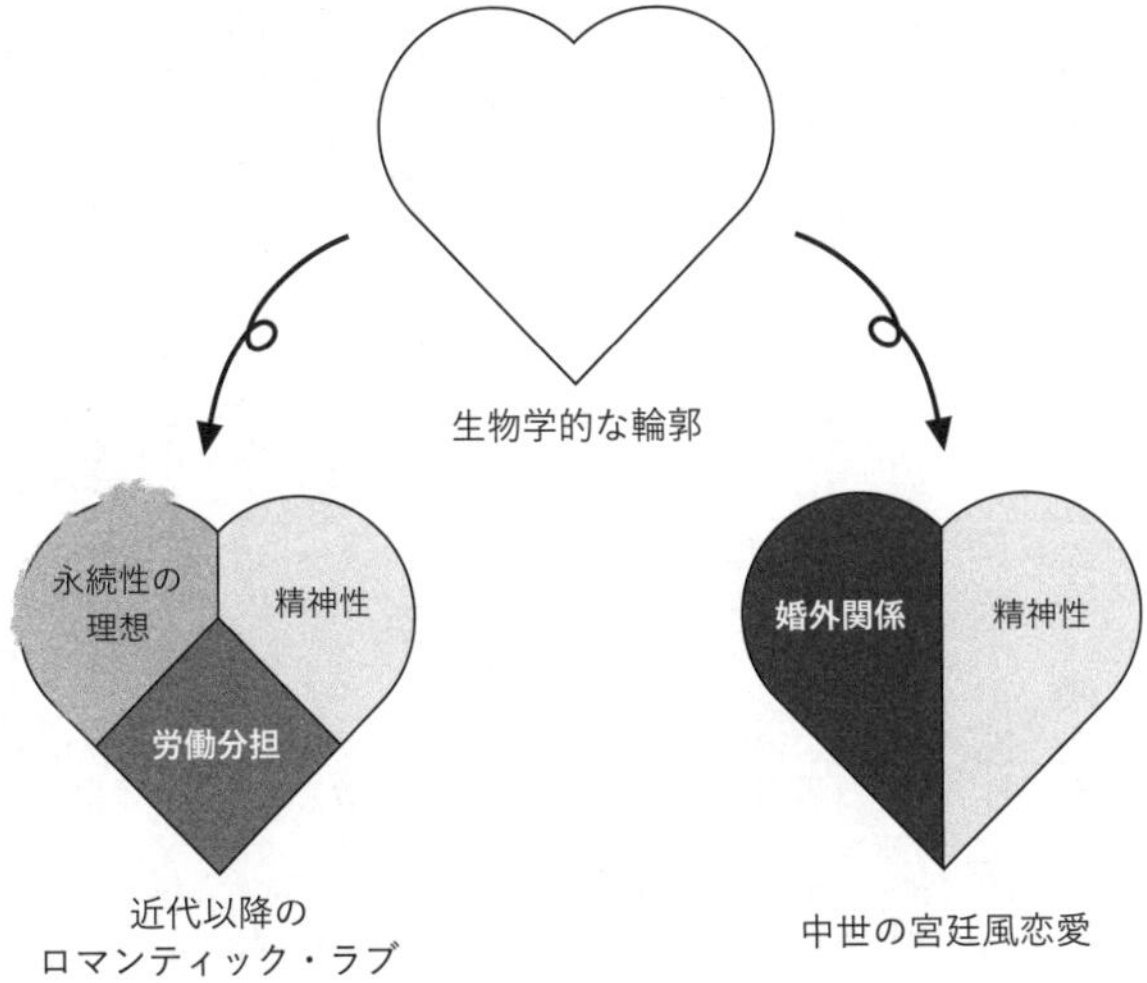

図表10　愛を塗り絵で捉える

むしろ際立たせるものです。というのも、**生物学的・社会的な愛の仕組みは、実際にどの人を愛するかを決めてくれるものではない**からです。

子孫や家門を維持・繁栄させるための仕組みは、パートナーとなる人の条件は設定します。たとえば、健康で、子供を産めそうで、その子供を一緒に安定して育てられるくらいの稼ぎがある人にパートナー候補を限定するわけです。ですが、その条件を満たさない人に対する愛が生まれることもあります。その点で生物学的・社会的な愛の仕組みは絶対ではありません。

また、そうした仕組みによって絞ら

れたパートナー候補が複数いる場合もあります。AさんもBさんも年齢も性格も収入も健康も同じくらいで、生物学的・社会的にふさわしい条件を満たしているとしましょう。ですが、AさんではなくBさんを愛するようになったとします。その理由は何でしょうか。二人の特徴はおおよそ同じなのに、片方が選ばれ、もう片方が選ばれなかった理由は何でしょうか。なぜAさんへの愛は生まれなかったのか。なぜBさんで**なければならなかったのか**。必然的な理由は依然として説明できません。その点で愛は依然として神秘的なものであると言えるのです。

*

本章の考察をまとめましょう。結婚は労働や家門のための関係を存続させるための社会的な制度であり、もともとは愛と別に行なわれているものでした。しかし、近代になって結婚と愛が結びつき、労働・家門維持のための永続的な関係が愛に求められるようになりました。こうした社会制度は愛の代替不可能性を成り立たせる無合理な仕組みにもなっています。愛には生物学的な側面と社会的な側面の両方があるのです。

本書はこれまで、感情、理由、進化、生物、歴史、社会など、さまざまな観点から愛のもつ特徴を考察してきました。次章ではこれらの論点をすべてまとめ、愛の全体像を描き出したいと思います。

＊1　ギース（二〇一七）一一～三頁。

＊2　谷本（二〇〇八）六九～七〇頁、鈴木隆美（二〇一八）一四〇～八頁および一三〇～三頁。

＊3　伊東（二〇〇六）二五〇頁、中内（二〇〇九）五頁、皆川（二〇〇九）五九～六四頁、ギース（二〇一七）七五～八頁。

＊4　ギース（二〇一七）一五〇頁および一八六頁。

＊5　山田昌弘（一九九四）一二二～三頁。ギデンズ（一九九五）六二頁。

＊6　結婚に際して、夫の家から妻の家へ金品を渡す行為が（日本を含め）世界各地でみられます（鈴木裕之［二〇一五］一三九～四三頁、ヴィンター［二〇一九］二〇五頁）。こうした交渉からも、結婚が家同士を結びつける社会的仕組みであることがわかります。

＊7　ヤーロム（二〇〇六）六七～七一頁、弓削（二〇二一）二六～三〇頁。家事については注10を参照。

＊8　ギデンズ（一九九五）六三頁。

＊9　山田昌弘（一九九四）一六二～四頁、弓削（二〇二一）四〇～七頁、落合（二〇二二）九～一二頁。

＊10　山田昌弘（一九九四）八二～三頁、落合（二〇一九）五九～六六頁。

＊11　山田昌弘（一九九四）一三二頁。

＊12　昔の日本の村落社会では、男性が女性の家を訪れて性的関係をもつ「夜這い」が行なわれ、見合い結婚と比較すると自由に結婚相手を探すことができました。こうした習慣は鎌倉時代には定着していましたが、明治時代には不道徳な習慣として禁止されるようになりました。詳しくは阪井（二〇二一）三三～三六頁を参照。

＊13　山田は、戦争が始まると国家によってさまざまな制限が国民に課され、そのなかで家庭を壊すような婚外関係が非難されるようになったのではないかと推測しています（山田昌弘［一九九六］一〇二頁）。

＊14　山田昌弘（一九九六）一〇四～七頁、谷本（二〇〇八）七四～五頁。

＊15　山田昌弘（一九九四）一二五～一三一頁。山田はさらに別の解決策として恋愛を抑制する方法を指摘しています。たとえば、中世のカトリックでは性欲を伴う恋愛が禁止されたりしていましたし、現代でも一部のイスラム教社会では結婚前の男女の接触が禁止されています。

＊16　谷本（二〇〇八）四五頁、千田（二〇一一）一六頁。

＊17　山田昌弘（一九九四）一二九頁、千田（二〇一一）一六頁、竹村（二〇二一）三九〜四〇頁。恋愛と道徳の関係は近年の哲学でも議論されています。たとえば、Velleman (1999)、Abramson and Leite (2011)、Zangwill (2013)、Smuts (2014c)、Fedock et al. (2020)。その議論は愛の無合理性と関連しています。「愛が無合理なら道徳も愛に無関係かもしれない」という点が問題になるのです。

＊18　文化人類学の研究をみると、現代日本の私たちからするとかなり異質に思える結婚や夫婦の形態がたくさんみつかります。たとえば、女性が複数の男性と性交渉をして、その男性たちがすべて生まれてきた子供の父親となる「分割父性」というものがあります（ライアン＆ジェタ［二〇一四］第6章、ヘンリック［二〇一九］二二八〜九頁）。これは、胎児は一回の射精では十分育たず、繰り返し射精されなければ生まれてこないという考えに基づいています。こうした考えはもちろん科学的には正しくありませんが、複数の父親を認める社会的仕組みには、養育者を増やしたり、男性の性的嫉妬を軽減させたりする（妻が複数人と性交渉することは公的に認められているので嫉妬の対象とならない）という利点があります。

＊19　現代の結婚に関する批判的考察およびポリアモリーについては、深海（二〇一五）、ブレイク（二〇一九）、植村ほか（二〇二二）を参照。また Jenkins (2017, 2022) では、ポリアモリーの観点から愛に対する哲学的批判が展開されています。

＊20　人間とかなり似たロボットやＡＩも（物への愛を超えた）恋愛の対象になるかもしれません。そうした議論としては、西條（二〇一三）、渡名喜（二〇一九）、山田圭一（二〇一九）を参照。

＊21　塗り絵の比喩はケンリック（二〇〇九）一六頁で提示されています。

第5章

愛に本質はあるか

——症候群

あたしのこの余計な考えを今すぐとっぱらってよ
もう離しはしないと約束しなくてもいいから
不安で眠れない夜　隣にいて下さい
今夜そうして下さい

aiko ／愛の病

前章では愛の歴史社会学的観点を説明し、それを第3章で取り上げた愛の進化生物学的な観点と統合させました。この統合案は、第2章で問題となった愛の代替不可能性、そして第3章で取り上げた永続性の理想を説明するためのものです。

他方で、第1章では愛は感情ではないと主張し、そのうえで、愛は一種の症候群だと述べていました。ですが、この「愛の症候群説」が一体どういうものか、そして、症候群説が前述の統合案とどのように関係するのかはまだ説明されていません。

本章の目的はその課題に取り組むことです。本章では、進化生物学的な側面と歴史社会学的な側面の両方を取り入れた症候群説を提示します。

また、本章の症候群説には重要な論点が含まれています。それは「愛に本質はない」ということです。言い換えると、すべての愛に共通の特徴、そして、「これがあれば愛だ／なければ愛ではない」と言えるような明確な特徴は存在しないということです。だからといって「愛は偽物」みたいなことにはなりません。私たちが愛と呼ぶものは確かに存在しています。

愛は存在するが愛の本質は存在しない。少々ややこしい話なので、順を追って細かく説明していきましょう。

人為的カテゴリー

「症候群」という言葉を出したのは、症候群が人為的なカテゴリーであること、つまり、**人間の都合で作られている**ものだという点を強調するためです。まず、人の都合でカテゴリーが作られるとはどういうことかを説明しましょう。

人為的なカテゴリーのわかりやすい例は「害虫」と「益虫」です。たとえばアブラムシは、キャベツや白菜の葉の柔らかい部分を食べてしまい、農家の人が丹精込めて育てた農作物を台無しにしてしまいます。アブラムシは人間に被害を与えるため「害虫」に分類されます。

この被害に対抗するため、キャベツ畑にテントウムシが放たれることがあります。テントウムシはキャベツを食べません。食べるのはアブラムシです。テントウムシはアブラムシを駆除してその被害を防いでくれます。人間に利益をもたらすので「益虫」と呼ばれるわけです。

重要なのは、ここでの「被害」や「利益」は**人間の観点からみたもの**だということです。アブラムシもテントウムシも自分たちが生きるために食べていて、どちらの虫にとってもその食事は自身の利益となるものです。しかし、人間の観点からするとアブラムシの食事は被害であり、テントウムシの食事は利益になります。「害虫」「益虫」という二つのカテゴリーは自然の世界に存在するものではなく、人間の利害関心に沿って作られたものなのです。

対比として、自然の世界に存在するカテゴリーをみてみましょう。いま例に出した「アブラムシ」と「テントウムシ」がそうです。目の前にいる虫がアブラムシなのかテントウムシなのかは、人間の利害関心とは独立に決まっています。「テントウムシ」や「アブラムシ」といった名前をつけたのは人間ですが、名前をつけることで二種類の区別を作り出したわけではありません。二種類の虫はもともと自然界に存在しています。人間は**元からあった二種類の区別を発見して異なる名前をつけただけ**です。「害虫」と「益虫」の区別とは異なり、「テントウムシ」と「アブラムシ」の区別は人間の利害関心とは独立したものなのです。

同様の例は他にも挙げられます。たとえば「発酵」と「腐敗」もそうでしょう。どちらも微生物が有機物を分解する現象なのですが、副産物として人間に利益になるものができる場合が「発酵」と呼ばれます。チーズ、パン、お酒などを作るうえでは発酵が不可欠です。これに対し、副産物として人間の体に害をなす物質ができてしまった場合、それが「腐敗」と呼ばれます。「発酵」と「腐敗」は人間の利害関心に沿って区別されているわけです。[1]

以上を踏まえ、症候群に話を移しましょう。「ナントカ症候群」という名前の病気はいろいろありますが、そのうちのいくつかは人間の利害関心に沿って作られた人為的カテゴリーです。ここでは誰もが経験したことのある症例を取り上げましょう。それは「かぜ」です。[2]

かぜ症候群

なんだか悪寒がしてきた。水を飲むと喉が痛い。頭が重くてぼーっとする。咳も鼻水も出る。熱を測ってみたら三八度もあった……。こういった症状が現れると「かぜを引いたな」と気づきます。「かぜ」、より正確に言えば「かぜ症候群」は、こうした症状の集まりを指しています。

もちろん、かぜを引いたときにこれらの症状がすべて現れるとは限りません。喉は痛いけど鼻水は出ないとか、悪寒と頭痛はするけど咳は出ないとか、場合によってどの症状が現れるかは違っています。ですが、こういった症状がある程度出ていれば「かぜを引いたな」と思うわけです。

医学書をみてみると、かぜの定義として「上気道を中心とする急性呼吸器感染症」「ウィルス性の上気道感染症」といったものがよく挙げられています。[3] 上気道は鼻や喉のことです（下気道は気管支や肺です）。つまりかぜは、ウィルスが鼻や喉に入り込んで増殖し、人間に害を与えている状態のことです。

この定義には人間の利害関心が関与しています。そのことは、かぜの原因となる病原体に注目してみるとわかりやすいでしょう。かぜを引き起こす病原体は、ライノウィルス、アデノウィルス、エンテロウィルス、ＲＳウィルスなど、実にさまざまなものがあり、細かくすれば二〇〇種類以上に分けられます。そうすると、私たちが普段「かぜ」と呼んでいるものは、やろうと思えば「ライノウィルス感染症」「アデノウィルス感染症」「エンテロウィルス感染症」……といったように二〇〇種類以上に区別できることになります。[4]

ですが、病院に行ってそこまで細かく特定されることはありません。「かぜですね」とは言われますが、どのウィルスに感染しているのかまで詳しく調べられることは滅多にありません。というのも、どの病原体が原因であれ、どのみち数日休んで自分の免疫力で治すしかないからです。解熱剤や咳止めの薬をもらうこともありますが、薬の力で病気が治るわけではありません。そうした薬はあくまでも症状を一時的におさめるためのもの、症状のつらさを和らげるものでしかありません。

以上から、「かぜ」が人為的なカテゴリーであることがわかります。「かぜ」と呼ばれる病気を引き起こす個々の病原体、ライノウィルスやアデノウィルスなどは、人間の利害関心とは独立に自然の世界に存在しています。ライノウィルスとアデノウィルスの違いは、人間が作り出したものではありません。これに対し「かぜ」という分類は、さまざまな感染症をひとまとめにして人間が作り出したものです。上気道に悪さをするのがライノウィルスでもアデノウィルスでもエンテロウィルスでも、熱や咳や鼻水といった同じ症状を引き起こしますし、対処としては数日休むしかありません。「かぜ」は現れる症状や対処法に沿ってまとめられたもの、人間の都合で作られたカテゴリーであるわけです。

また、かぜとインフルエンザの違いをみても、かぜが人為的なカテゴリーであることが明確になるでしょう。実は、「ウィルス性の上気道感染症」という定義にはインフルエンザ感染症も当てはまります。ですが、私たちは普段かぜとインフルエンザを区別しています。「かぜかと思ったら実はインフルエンザだった」と言われることもたびたびあるでしょう。なぜ二つが区別されるかというと、ここにも私たちの利害関心が関与しています。インフルエンザ感染症は重症化して肺炎や脳炎になることも少なくないので、他のかぜよりも注意が必要です。また、タミフルやリレンザといった専用の治療薬があるので、インフルエンザだとわかればそれを処方できます。つまり、他のかぜとインフルエンザは、私たちの対処の仕方に応じて分けられているのです。

愛の諸症状

ここで愛に話を戻しましょう。本書が提示する愛の症候群説は、愛もさまざまな物事をひとまとめにして作った人為的カテゴリーだという考えです。さまざまな病原体を原因とする症状が私たちの都合で「かぜ」にまとめられたように、**さまざまな心の状態や行動が私たちの都合で「愛」にまとめられている**ということです。

恋愛の目印としてとくにわかりやすい症状は、身体的な興奮です。好きな人といると心臓がドキドキする、顔が熱くなる、筋肉が緊張して動きがぎこちなくなる、喉が詰まってうまく喋れない、といった身体反応が起こります。

ですが、かぜに診断の間違いがあるように、恋愛にも診断の間違いがありえます。咳が出たのでかぜと思ったら実は別の病気であった場合と同じく、心臓がドキドキしたので愛かと思ったら、そうでなかった場合もあるのです。心理学者のリサ・フェルドマン・バレットは、恋愛に関して間違ってしまった自身のエピソードを紹介しています。

> 私が大学院に通っていた頃、同じ心理学専攻の男性が私をデートに誘ってきた。彼のことはよく知らなかったし、正直言って私の目にはあまり魅力的に見えなかったので、デートはしたくなかった。とはいえ、その日は長時間研究室にこもっていたこともあって彼の誘いを承諾した。喫茶店で彼と話しているあいだ、驚いたことに私の顔面が何度か紅潮した。胃がそわそわし、なかなか集中できなかった。「さっきの考えは間違っていたらしい。明らかに私は彼に惹かれている」。そう思った。もう一度デートすることを約束したあと私たちは別れ、おもしろいこともあるものだと思いながら帰宅した。そして部屋に入った途端、カギを床に落として吐いた。その後一週間、インフルエンザで寝込む羽目になった。[5]

恋愛の身体的症状のいくつかはインフルエンザの症状と共通しています。どちらでも、体が熱くなったり、心臓がドキドキしたり、息が苦しくなったりします。こうした共通点のために、自分の心の状態を間違えて、好きではない相手のことを「好きかも」と思ってしまう場合があるわけです。

これに関しては「吊り橋効果」が有名でしょう。揺れる吊り橋を渡るときの恐怖のドキドキが恋愛のドキドキと勘違いされ、「この人のこと好きなのかも」と思ってしまうという話です。ただし、この効果は全員が利用できるものではありません。というのも、恐怖のドキドキが恋愛のドキドキと勘違いされるためには、一緒に吊り橋を渡る人が十分魅力的でなければならないからです。魅力的でない人と一緒に吊り橋を渡っても、「この人といるからドキドキしているんだ」という勘違いは起こらず、「怖いからドキドキしているんだ」と冷静に判断されるだけです。[6]

以上のように、身体的な興奮があっても愛でない場合があるわけですが、逆に、身体的な興奮がない愛もあります。第3章でみたように、激しい恋が成功した後に生まれる愛着は、親密感、一体感、安心といったものを生み出します。この場合の身体は興奮ではなくリラックスした状態にあります。そうすると、身体的な興奮は愛を判定するための一つの目安と理解するべきでしょう。愛が生まれていると考えるための一つの（しかし確実ではない）診断基準だということです。

この点もかぜと同じように理解できます。発熱はかぜの典型的な症状であるので、発熱はかぜと診断する一つの根拠になります。ですが、断定はできません。食中毒でも骨折でも熱は出るからです。また、ウィルスが鼻や喉で悪さをしていて、鼻水や喉の痛みはあるけれども熱は出ないかぜもあります。そのため、かぜかどうか判定するには他の症状も同時にみられないか調べてみる必要があります。

恋愛にもいろいろな症状があります。生まれたばかりの愛には侵入思考や性欲の高まりが目立ちますが、長年連れ添ったパートナーに対しては徐々にそれらが薄れ、一体感や親近感が大きくなります。また別の症状としては、相手の欠点がみえなくなってしまうとか、その人ばかり見つめてしまうといった注意・知覚の傾向もあります。相手に会いたい、相手に幸せになってほしいという欲求もそうです。また、その欲求を実現するための行動（プレゼントを買うなど）も症状の一つでしょう。さらに、恋愛と結婚と性が一体化したロマンティック・ラブ・イデオロギーが広まった現代では、「結婚したい」「相手との子供がほしい」と願うのも愛の症状とみなすことができます。

症状を通した診断という点に注目すると、第1章で取り上げた愛の潜在性も理解しやすくなるでしょう。かぜを引き起こすウィルスそのものは人間の目には見えませんが、かぜ症状は目に見えるかたちで現れます。その症状をみて「かぜですね」と診断されるわけです。愛も同様です（図表11）。潜在的な愛そのものは気づけませんが、それが顕在化したもの、侵入思考や身体反応、各種の行動は気づけるものです。私たちはそうした症状に気づくことで「自分はあの人を愛しているのだ」と気づいたり、他人の症状をみて「あの人はあの人のこと好きだよね」と勘づいたりするわけです。

さまざまな愛のかたち

以上のように、愛にはさまざまな症状があります。これらがすべて揃わなくても、一定の数の症状が同時にみられれば、その人は愛を抱いていると言うことができます。

ここで、「一定の数」とはいくつで、その症状は具体的にどれとどれなのか、という疑問が湧くでしょう。それに対する答えは、それぞれの時代・文化・社会で違っています。

「子供を作って育てる」という特徴は、生物学的な愛や近代的な愛にはみられますが、宮廷

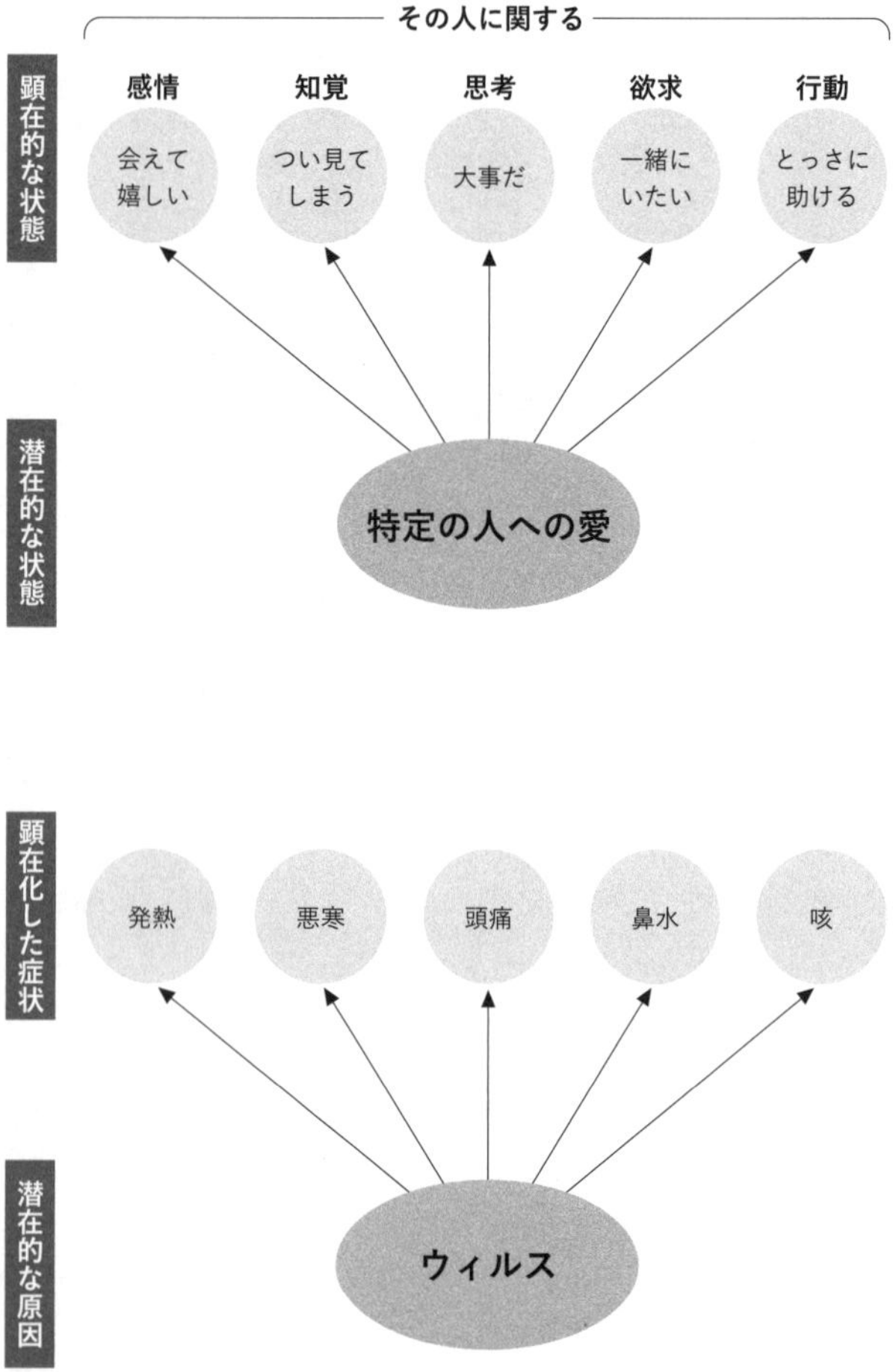

図表11　愛とかぜは似ている

風恋愛や同性愛にはありません。また別の特徴である「永続性の理想」は、近代的な愛や現代の同性愛にはみられますが、生物学的な愛にはありません。さらに、何人を愛するかは財産や宗教、社会状況に依存します。財産が多くて複数のパートナーを養える場合には一対多の愛も可能なわけです。[7]

このように愛にはさまざまな形態があります。重要なのは、**どれか一つが「正しい愛」で他は間違っているとはならない**ことです。それは、ライノウィルス感染症とアデノウィルス感染症がどちらも「かぜ」であるのと同じです。「ライノウィルス感染症こそが本物のかぜで、アデノウィルス感染症はかぜではない」といった主張は間違っています。愛も同様です。「性欲と子育てに関係する愛こそが本物の愛で、それ以外の愛は本当は愛ではない」という主張は間違っています。性欲や子育てが関わらない親密な関係も実際に「愛」と呼ばれている以上、その関係を愛から除外してしまう定義は正しくないのです。

家族的類似

愛にはいろいろなかたちがあると述べましたが、それに対して次のような疑問が浮かぶかもしれません。「いろんな愛があるとしても、それらがすべて〝愛〟と呼ばれている以上、そこには何か共通性があるはずだ。それは何か」。

この疑問は「愛に本質がある」という考えが前提になっているでしょう。言い換えると、「Xという特徴をもつのが愛で、Xをもたないものは愛ではない」と言えるようなXが存在すると考えられているわけです。

しかし、ここまでの話を踏まえると、**「愛」と呼ばれるものすべてに共通する本質などなさそう**です。繰り返しになりますが、子作りの目的は生物学的な愛や近代的な愛にはありますが、宮廷風恋愛にはそれはありません。同じパートナーと生涯を共にしたいという〈永続性の理想〉は生物学的な愛には当てはまりませんし、〈一対一の関係〉は一夫多妻／一妻多夫、ポリアモリーの愛には当てはまりません。すべての愛に当てはまりそうなのは〈相手を大事にする〉くらいですが、その特徴は、友達、親と子、先生と生徒、飼い主とペットなど、いろんな関係に当てはまるので、恋愛だけを選び出すものではありません。

以上のように愛に本質はないと考えられますが、それでも、**私たちが「愛」と呼ぶカテゴリーが存在することまで否定する必要はありません。**この点は哲学者のウィトゲンシュタインが提示した「家族的類似性」という概念を使うと理解しやすくなるでしょう。[8]

ウィトゲンシュタインは、「私たちが〝ゲーム〟と呼んでいるものに共通の特徴があるのか」という問いを投げかけます。野球やボクシングの試合は「ゲーム」と呼ばれますが、この二つには、〈激しい運動〉〈勝ち負けがある〉といった特徴が共通しています。他方で、将棋などのボードゲームでは、〈勝ち負けがある〉という点は共通ですが、〈激しい運動〉はありません。では〈勝ち負けがある〉がゲームの本質かというと、そうでもありません。たとえばジェスチャーゲームを考えてみてください。一人が声を出さず身振りをして、もう一人がその身振りが何を表しているのかを当てる場合、伝達の成功や失敗はありますが、勝ち負けはありません。とはいえ、勝負事のゲームとジェスチャーゲームには〈相手の意図を読む〉という共通点があるとは言えます。しかし、お手玉や鞠つき、マインスイーパーやソリティアなど、一人でやるゲームもあり、そこでは相手の意図を読むことなどありません。

他にもいろいろ「ゲーム」と呼ばれるものの例を挙げられるでしょうが、例を挙げれば挙げるほど、そのすべてに共通する特徴はないとわかるでしょう。そうすると、「ゲームを定義する（必要十分条件を与える）本質的特徴などないことになります。言い換えると、「Xという特徴をもつのがゲームで、Xをもたないものはゲームではない」と言えるようなXなど存在しないのです。

それでも、個々のゲームをみてみると、似ている特徴がみつかります。野球とサッカーは〈球技〉という点が共通していて、野球と将棋は〈勝敗がつく〉という点が共通していて、将棋とジェスチャーゲームでは〈相手の意図を読む〉が共通していて、ジェスチャーゲームとお手玉などの一人遊びは〈勝ちではなく成功を目指す〉という点が共通しています。「ゲーム」とは、このように**「個々の事例同士は似ている」という類似性でつながったものの集まり**なのです。

家族の特徴もそうでしょう。父と子供は鼻が似ている、子供と母は目が似ている、父と祖父は口が似ている、しかし母と祖父の顔は似ていない、といったことがあります。「この家族は全員こういう鼻のかたちをしている」という共通点はなくとも、家族を構成するそれぞれのメンバーは、他のメンバーと何かしら似ているところがあります。ウィトゲンシュタインはこうした類似性でつながったゆるいまとまりを「家族的類似性」と呼んだのです。

愛も同様に理解できます。生物学的な仕組みに基づく熱愛、子育てのための愛着、同性愛、宮廷風恋愛、近代以降のロマンティック・ラブ、死ぬまで添い遂げる愛、ポリアモリーはどれも「愛」に分類されますが、それらすべてに共通する特徴はありません。それでも、性欲／侵入思考／子作りの目的／精神性の重視／永続性の理想といった特徴を共有することで、類似性関係によって「愛」とまとめられているのです[9]（図表12）。

愛が生み出す混乱

以上からすると、愛に本質はありませんが、それでも、私たちが「愛」と呼ぶカテゴリーは存在していることになります。ややこしい説明だと思われるでしょうが、このややこしさは愛に関する次の二つの事実とうまく噛み合います。

一つ目は、昔からいろんな人が愛について語っているのに、なかなか意見が一致しないことです。私たちが「愛」と呼ぶカテゴリーが存在する以上、そこに共通する本質、言い換えると、愛を定義する特徴が存在すると思われてくるでしょう。しかし、実のところそうした

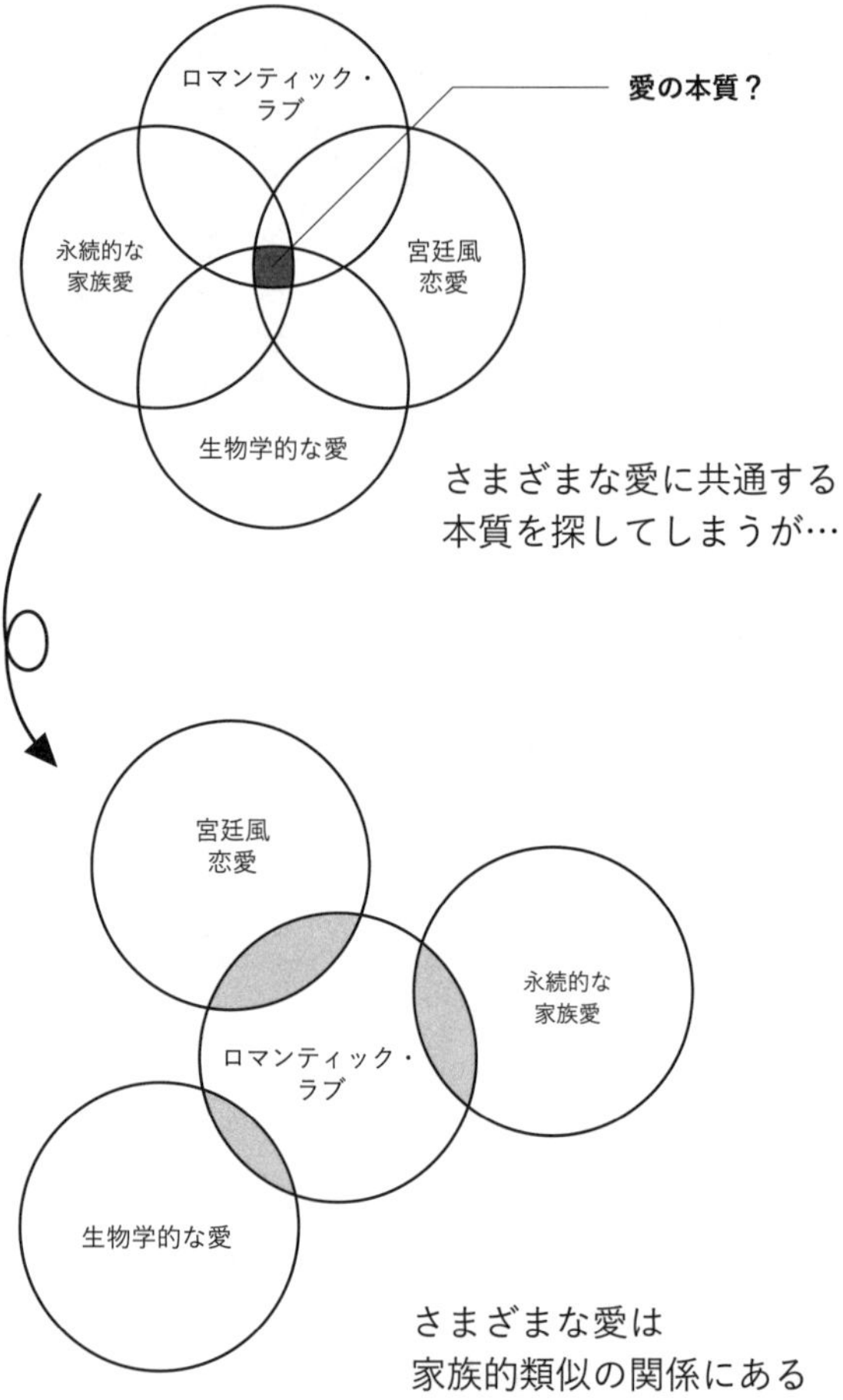

図表12　愛に本質はない

Xは存在しないので、それぞれの人が愛について異なる定義を与えていると理解できます。実際、前章と本章でみたように時代や文化が変われば愛のあり方も変わってくるので、それぞれの時代や文化で異なる愛の説明が必要になります。

二つ目は、愛が本物なのかという悩みが生まれることです。「自分は本当に相手を愛しているのか」「この気持ちは身勝手な欲求でしかなく、愛と呼べるものではないかもしれない」「相手に恋しているのではなく、恋をしている自分に酔っているだけではないか」……。こういった悩みをもつこともあるでしょう。もし愛の本質Xが存在していたら、こうした悩みは生まれないでしょう。Xがあればそれは愛と言えるし、なければ愛ではないと判定できるからです。しかし、そうしたXは存在しません。だからこそ、自分の気持ちが愛なのかどうかよくわからない場合が出てくるのです（第7章では、この悩みを解決する一つの手がかりがラブソングだと主張します）。

つまり、愛についていろいろ語ったり悩んだりできる以上、愛はそう簡単に捉えられるものであるはずがないということです。愛に本質はないが「愛」と呼ばれるカテゴリーが存在するというややこしい説明は、愛の捉えにくさにふさわしいものではないでしょうか。

愛は幻想？

ここで、前章で少し触れていた問題を取り上げましょう。愛が社会の利害関心に依存すること、あるいはそもそも、愛が社会的に作られたものであるという主張が受け入れがたい人もいるのではないでしょうか。

ここまで本書が提示してきた考えでは、愛は自分が生まれた文化で育つなかで学習するもの、少し嫌な言い方をすれば、「社会によって植えつけられたもの」ということになります。この考えに対して「それでは愛が何かまがいもののようになってしまう」と思う人もいるでしょう。そうした人からすると本書の考えは、愛を社会が作り出した幻想あるいは虚構にしてしまうものであり、「本当は愛など存在しない」と言っているように感じられるかもしれません。

ですが、そうではありません。愛が社会的に作られたものであること自体は、「愛は幻想・虚構だ」といったことを意味しません。というのも、**社会的に作られたものも、私たちの行動や思考、生活のあり方に多大な影響を与える**からです。

この点を理解するためにも、かぜを例にするのが良いでしょう。前述の通り、かぜは人為的なカテゴリーですが、だからといってかぜは幻想や虚構であるということにはなりません。私たちは、なるべくかぜを引きたくないと考えたり、引かないための生活を心がけたり、実際に引いてしまって気持ちも落ち込んだりします。かぜは私たちの思考・行動・感情など、生活に影響を与えるものとして存在しているのです。「かぜは人為的なカテゴリーだ」と理解したからといって、こうした影響がなくなるわけではありません。

愛も同じです。愛が社会的に作られたものだとしても、私たちはそれを求め、獲得するために行動し、得たり失ったりすることで心が動き、愛についてよく考えることは否定されません。愛は私たちの生活に影響を与えるものとして存在しているのです。

別の例も挙げましょう。それはお金です。お金は自然の世界に存在するものではなく、人間の社会のなかに存在しているもの、社会的に作られたものです。そして、お金は私たちの生活に多大な影響を与えます。さらに、日本は円、アメリカはドル、中国は元、ＥＵはユーロなど、お金はそれぞれの国で違っています。こうした違いはあれど、どの国の人も自分の国のお金を求め、獲得するために働き、増えたり減ったりして一喜一憂しています。

それと同じく、愛も国や文化によって違っているでしょうが、人々は自分の国や文化のなかでの愛を求め、獲得するために行動し、与えられたり失ったりして一喜一憂しています。社会が違えば愛のあり方も変わってきますが、それぞれの社会の愛はその社会の内部で影響力をもつものとして存在しています。幻想や虚構ではないのです。

重要なのは、**「存在」にはいろいろなレベルがある**ということです。自然物や自然法則、たとえば、太陽、重力、質量保存の法則などは、人間の行動に影響を与えるものであり、人類が誕生する前から存在していて、人類が絶滅した後でも存在し続けるものです。他方で、お金や結婚などの社会制度は、人間が作り出したものであり、自然物とは異なる種類の存在ですが、人間の行動に影響を与える力をもっています。そして、ペガサスなどの想像の産物、おそらく「幻想」「虚構」と呼ぶに最もふさわしいものは、人間が作り出したものであり、人々のあいだでその概念は共有されていますが、私たちの実生活に多大な影響を与えることはありません。

このように「存在」の影響力はさまざまあります。そして愛は、お金や結婚と同じくらいには私たちの生活に影響を与えるものとして存在しています。それを軽視したり無視したりして生活することなどできないほど「リアル」なものなのです。

＊1　齋藤（二〇二一）二七〜八頁。

＊2　「症候群とは何か」を説明する論文でも、「愛は症候群だ」と主張する論文でも、症候群の例として、統合失調症やうつ病といった心の病がよく挙げられます。たとえば、糸川（二〇一六）、Pismenny (2018)。本章でかぜを例にしたのは、かぜの方がより多くの人が経験したことがあると思われるからです。

＊3　草刈（二〇一〇）二頁、岸田（二〇一二）六頁。

＊4　さらには、ライノウィルスやアデノウィルスのなかにもより細かい種類の区別があります。

＊5　バレット（二〇一九）六二頁。

＊6　越智（二〇一五）一二〇〜一二九頁。

＊7　一夫一婦制と一夫多妻制では、独占欲や嫉妬にも違いが出てくるでしょう。一夫多妻制のもとでの妻の心情は、ヒューレット（二〇二〇）が中央アフリカ共和国で行なったフィールドワークで詳しく書かれています。

＊8　ウィトゲンシュタイン（二〇二〇）七五〜七七頁。

＊9　前章で愛を塗り絵にたとえたとき、生物学的な枠線に文化ごとの色が塗られると述べていました。その点を思い出して、生物学的枠線はすべての愛に共通するもの、愛の本質ではないかと思った人もいるかもしれません。ですが、生物学的枠線はいくつかの要素に分解できます（身体的興奮、侵入思考、性欲の増加など）。そして、そのうちのいくつかの要素が欠けた愛もあります。たとえば、長年連れ添ったパートナーに対する愛には、強い侵入思考や身体的興奮はないでしょう。そのパートナーと付き合い始めたときにはそれがあったでしょうが、年月を経るごとになくなっていきます。付き合い始めたときの愛と長年連れ添っている愛では生物学的要素のすべてが共通しているわけではなく、したがって生物学的枠線が愛の本質だとは言えませんが、他の要素（一対一の関係、永続性の理想など）が共通するために家族的に類似していると言えます。

第Ⅰ部　まとめ

愛に関する考察は以上です。ここで、これまで本書が提示してきた考えを簡単に振り返っておきましょう。

第1章では愛と感情の関係を考察しました。愛は感情の一種だと考えられがちですが、愛は感情の枠に収まるものではありません。誰かを愛しているとき、私たちは、その人のことばかり考え、会いたいと望み、実際に会いに行くという行動が生まれ、会えれば喜びが、会えなければ悲しみが生まれます。愛は、その対象となる人に関する思考・欲求・行動・感情を生み出す潜在的な基盤です。また、「あの人を一〇年間ずっと愛している」と言えるように、潜在的な愛はかなり長期間にわたって持続するものですが、同じ感情がそれほど長く持続し続けることはありません。

第2章では人を愛する理由について考察しました。誰かを愛する理由を尋ねられたとき、「優しいから愛している」といった理由が思い浮かぶでしょう。

しかし、もしそれが本当に理由になっているなら、より優しい人と出会ったらその人を愛するようになるべきですし、愛する人が優しくなくなったら愛するのをやめるべきということになります。しかし、そう簡単に愛を捨てることはできません。愛する人は代替不可能なのです。ですが、代替不可能である理由は説明できないものであり、その点で愛は「無合理」なものと考えられます。

愛の無合理性を理解するため、第3章では愛の生物学的側面に、第4章では社会的側面について検討しました。

生物としての人間が抱く愛は、子供を作って育てたり仲間との結びつきを作ったりするために獲得された生物学的な仕組みです。こうした生物学的な仕組みはもともと人間に備わっているものであり、納得できる理由があるかどうかは問題になりません。愛が無合理なのは生物学的な仕組みに基づいているからです。

ですが、生物学的な愛は長続きしません。子育てのための愛は、子供がある程度成長したら消えてしまいます。しかし、私たちが抱いている愛の概念には「生涯を共にする」という永続性が含まれており、それは生物学的な仕組みからは導かれません。

永続性を理解するために、第４章では結婚という社会的な仕組みに注目しました。結婚はもともと労働や経済のための長期的なパートナー関係を作る社会的な仕組みであり、恋愛とは別で行なわれていました。しかし、近代になって恋愛と結婚が結びつくと、愛にも長期的なパートナー関係が求められるようになりました。愛は結婚という社会制度と一体化することで、生物学的な仕組みでは担保できなかった永続性を獲得したのです。

以上のように、愛は生物学的な仕組みと社会的な仕組みが合わさってできたものです。この点は第５章でみたように、かぜ症候群をモデルにして理解できます。かぜは、二〇〇種類以上の感染症を「数日休めば治る、喉や鼻を中心とした不調」としてまとめたものです。個々の感染症とそれを引き起こす二〇〇種類以上のウィルスは自然の世界に存在するものですが、人間は自分たちの利害関心に沿って「かぜ」という人為的カテゴリーを作ってそれをまとめています。それと同じく愛も、人間の利害関心が入り込んでできあがったカテゴリーです。愛は、自然の世界にあった生物学的仕組みにルーツをもちつつも、それぞれの時代や文化の価値観を反映して変化していきます。多様な心の状態や行動がそれぞれの社会の利害関心に依存して「愛」とみなされていて、すべての愛に共通する「愛の本質」のようなものは存在しません。

愛に関しては以上です。それでは次に、「ラブソングとは何か」という問題を考えていきましょう。

第II部

ラブソングとは何か

ラブソングは愛をテーマにした歌であり、その点で他の歌から区別されます。そのためラブソングには、心の状態としての愛がもつ特徴が何通りにも反映されていると考えられます。愛の特徴は第Ⅰ部で描き出してきたので、第Ⅱ部ではその成果を利用し、ラブソングとは何かを検討しましょう。

ラブソングに限らず、歌は楽曲と歌詞からできています。そのため本書では、楽曲と歌詞で章を分けて検討したいと思います。とはいえ、歌詞と楽曲は完全に独立したものではありません。というのも、歌の楽曲は言葉を乗せるために作られた音の配列であり、歌詞は音楽に乗せるために作られた言葉だからです。ですが、楽曲の働きがどこまでで、歌詞の働きがどこまでなのかを明確に理解するためには、ある程度区別して検討する必要があります。

第6章は楽曲を検討します。歌詞に「愛」という言葉を入れてしまえば愛をテーマにした歌であることは明らかですが、言葉を抜きにした音響的特徴だけでも愛は伝わるものなのでしょうか。ここでは、音に感情的要素を聴き取る仕組み、そして背景情報との連合の観点から、愛を感じさせる楽曲がどのようなものかを明らかにします。

第7章では歌詞に焦点を合わせます。まず、歌の言葉は知識や思想を伝えるための便利な教材であることを説明し、その特徴が、時代や文化によって変化する愛の概念を伝えるうえで役立つと指摘します。その次に、歌詞が聴き手の気持ちを代弁する点に注目し、恋愛状態にある人がラブソングを聴くことで得られる効果を明らかにします。

第8章では失恋ソングに焦点を合わせます。「失恋したときには失恋ソングを聴くのが良い」と言われることがありますが、失恋ソングのどういった特徴が癒しを与えてくれるのでしょうか。本章では、言葉の影響で記憶が変化するという心理学の研究を参照しつつ、失恋ソングの歌詞によって失恋の記憶が変化するという考えを提案します。

以上は著者である私がいろいろな研究を調べて作った考えですが、ラブソングを実際に歌うアーティストはまた違ったことを考えているかもしれません。第9章の対談では evening cinema の原田夏樹さんと一緒に、ラブソングについて考えてみたいと思います。

第6章

愛は音で伝わるか

——類似性と連合

ラブソングって一体何だろう
あの娘のこと目に浮かんだよ
上手くいっているかな　大丈夫かな

tofubeats／夢の中まで（feat. ERA）

ラブソングとは一体どういうものでしょうか。すぐ思いつく特徴は、「恋愛に関する歌詞がついている」というものです。ラブソングでは、恋をしているときにどういう気持ちになるか、どういう行動をとるのか、相手とどう出会ったのか、といったことが歌われています。[1]

では、それ以外に特徴はないでしょうか。歌は言葉を音楽に乗せたものであり、そこにはメロディやコードやリズム、いわゆる「楽曲」があります。ですが、「ラブソング」に分類される歌の楽曲は実にさまざまです。テンポの速いロックもあれば、ゆっくりとしたバラードもあり、明るいポップスもあれば、落ち着いたブルースもあります。

そうすると、「ラブソング」は歌詞の内容によって定義されるものだということになるでしょう。曲調がどうあれ、愛を題材とした歌詞があれば何でも「ラブソング」と言う余地があります。「ラブソング」というのはそれくらいの大まかなくくりであるわけです。

とはいえ、楽曲が何の役割も果たしていないはずがありません。その証拠に、歌詞をただ読んでも、実際に歌を聴いたときの高揚感や感動は得られません。歌のないインストゥルメンタルの楽曲を聴く場合からもわかるように、楽曲自体にも人を興奮させる力があります。

本章では、言葉を抜きにした楽曲について検討します。楽曲で愛を感じさせることは可能なのでしょうか。また、愛はどのようにして楽曲に表現されるのでしょうか。

愛を感じる楽曲

言葉の影響をなるべく除外するために、外国語の曲を例にしましょう。ジョージ・ハリスンの《フォー・ユー・ブルー》と、エリック・クラプトンの《いとしのレイラ》は、同じ女性に対する愛を表した曲です。その女性パティ・ボイドは、一九六六年にハリスンと結婚しましたが、一九七四年に離婚し、そして一九七九年にクラプトンと結婚しています（一九八九年に離婚しています）。

ハリスンが《フォー・ユー・ブルー》を作曲したのは一九六八年で、クラプトンが《いとしのレイラ》を作曲したのは一九七〇年です。どちらの曲もボイドとハリスンの婚姻中に発表されています。そうすると、ハリスンの《フォー・ユー・ブルー》は妻への愛を表したものであるのに対し、クラプトンの《いとしのレイラ》は他人の妻への愛を表したものということになります。

こうした事情を踏まえて二つの楽曲を聴き比べてみてください。歌詞の意味を無視しても、前者は落ち着きのある愛を表しているように、後者は激しい愛を表しているように聴こえるのではないでしょうか。第3章でみたように、愛は、最初は相手を強く求める激しいものとして生まれ、相手とうまくいくと落ち着きのある愛着に変化していきます。この違いはこの二曲の曲調の違いに対応しているように思えます。《フォー・ユー・ブルー》の落ち着きは妻に対する愛にふさわしく、《いとしのレイラ》の激しさは他人の妻への愛（障害があって燃える恋心）にふさわしいように聴こえるということです。[2]

ここで考えたいのは、こうした「ふさわしさ」はどのように成り立つのか、ということです。《フォー・ユー・ブルー》のどのような特徴がこの曲を自分の妻への愛にふさわしくさせ、《いとしのレイラ》のどういった特徴がこの曲を他人の妻への愛にふさわしくさせているのでしょうか。

この問題に答えるためには、楽曲に感情的な要素が聴き取れることを説明しなければなりません。第1章で述べた通り、愛そのものは感情ではありませんが、愛を基盤としてさまざまな感情が生まれます。そして第5章では、生まれた感情を手がかりとして愛が診断されると述べていました。楽曲にもこれが当てはまると考えられます。つまり、**楽曲の感情を聴き取ることで、その楽曲に愛が感じ取れる**ということです。

楽曲の感情と聴き手の感情

楽曲に感情を聴き取る仕組みを考えるうえで注意すべき点があります。それは、「楽曲の感情」と「聴き手の感情」を区別することです。

たとえば、ショパンの《ワルツ第一〇番》は悲しく聴こえるとよく言われます。では、この曲のどこが「悲しい」のでしょうか。それを考えるうえで何より重要なのは、**楽曲の悲しみを聴き取るために聴き手が悲しくなる必要はない**ということです。聴き手は、名曲の素晴らしさに感動し、完全にポジティヴな感情を抱いている場合もあります。「悲しく」聴こえる楽曲は、聴いた人を悲しくさせるものではないのです。

悲しい曲を聴いても悲しくならないことは、感情の評価的側面を考えるとより明確になります。第1章でみたように、感情には、自分が置かれた状況に対する評価が含まれます。そして、悲しみの評価は「自分が大切にしていたものが失われた」でした。では、悲しい楽曲を聴いているときに何か大事なものがなくなっているでしょうか。

そんなことはないでしょう。楽曲そのものは音の配列であり、聴いている人から大事なものを奪うわけではありません。悲しい楽曲を聴くことで大事なものが何も失われないなら、そのとき悲しみは生まれていないはずです。

ここで「悲しい楽曲は聴き手を悲しくさせないけど、楽しい楽曲は聴き手を楽しくさせるんじゃないか」と思った人もいるかもしれません。ですが、そうでもありません。たとえば、モーツァルトの《アイネ・クライネ・ナハトムジーク》の第４楽章の冒頭は「楽しい」とよく言われますが、その楽しさを聴き取るために聴き手が楽しくなっている必要はありません。クラシック曲が苦手で、どんなクラシック曲を聴いても退屈に思う人がいるとしましょう。その人に《アイネ・クライネ・ナハトムジーク》を聴いてもらい、この楽曲には「悲しい」「楽しい」「怖い」「怒り」のどの言葉がふさわしいかと尋ねられたら、「楽しい」と答えるでしょう。

以上のように、**聴き手が自分の状態として感じる感情と、聴き手が楽曲のうちに聴き取る感情は別物**です。楽曲に何らかの感情的要素を聴き取ったからといって、聴き手がそれと同じ感情になるとは限りません。

では、聴き手はどういう感情を抱くかというと、それは楽曲の良さと聴き手の好み次第です。楽しい楽曲だろうが悲しい楽曲だろうが、それが音楽的に優れたものであったり、聴き手の好みに合っていたりすれば、聴き手はポジティヴな感情を経験するでしょう。逆に、音楽的に良くなかったり好みに合っていなかったりすると、ネガティヴな感情が生まれるわけです。

他にも聴き手に感情を生み出す仕組みはいろいろあるのですが、一度に説明しようとすると話がごちゃごちゃしてくるので、本章の議論のなかで徐々に明らかにしていきたいと思います。

喋り方との類似点

楽曲に聴き取られる感情に話を戻しましょう。そもそも、なぜ楽曲が楽しかったり悲しかったりするものとして聴こえるのでしょうか。

鍵となるのは、喋り方との類似点です。単刀直入に言えば、「悲しく聴こえるメロディ」とは「悲しみを抱いた人の喋り方と似た特徴をもつメロディ」だということです。[3]

悲しみを抱いた人の喋り方は、テンポが遅く、音量が大きくなく、音程が全体的に低く、

譜例1：ショパン／ワルツ　第10番

譜例2：モーツァルト／アイネ・クライネ・ナハトムジーク　第4楽章

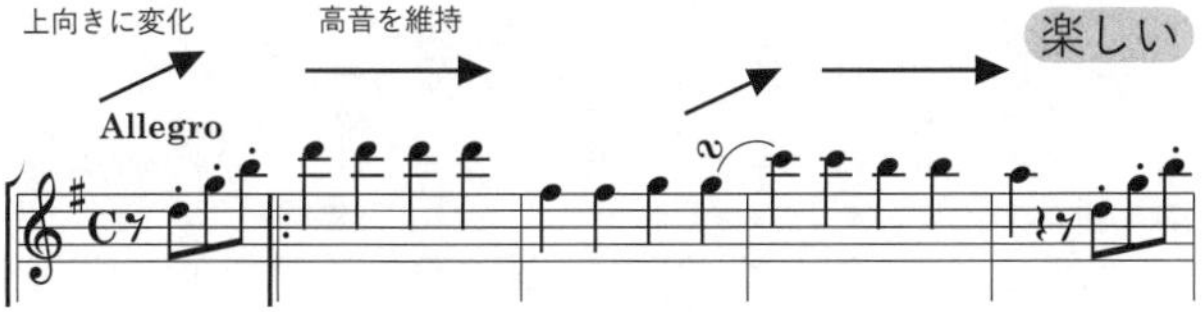

図表13　声との類似性によって表現される感情

音程の上下幅が少なく（抑揚がなく）、喋るうちに音の高さが下がっていく傾向にあります。そして、「悲しいメロディ」も同じ音響的特徴をもっています。先ほど挙げたショパンの《ワルツ第一〇番》は、速さの指示がモデラート（中くらい）で、メロディの音程は後になるにつれ下がっています（図表13、譜例1）。

　これとは反対に楽しいときの喋り方は、テンポが速く、音量はほどほどから大きめで、音高の上下は大きく、高さは上向きに変化します。そして、楽しいメロディも同じ音響的特徴をもっています。《アイネ・ク

	怒り	恐怖	楽しさ（喜び）	悲しみ	優しさ
速さ	速	速	速	遅	遅
全体的な音量	大	小*	中～大	小	小
全体的な音程	高	高	中	低	低
音程の上下幅	大	小	大	小	小
音程変化の向き	上	上	上	下	上

*パニックを除く。

図表14　各感情を表現する声に似た音響的特徴

ライネ・ナハトムジーク》第4楽章は、速さがアレグロ（速く）で、最初の四つの音は後ろにいくにしたがって高くなり（上向きに変化し）、その後も高音が維持されています（同図表、譜例2）。

恐怖と優しさの場合でも、声と音楽に類似性がみつけられます。音楽心理学の先導的な研究者であるパトリック・ジュスリンは、声との類似性によって知覚される感情として、怒り、恐怖、楽しさ（喜び）、悲しみ、優しさの五つを挙げています（図表14）[4]。

注意すべきですが、この表で挙げた音響的特徴のすべてが必要というわけではありません。表には悲しい声／楽曲は音程が下向きに変化すると書かれていますが、上向きに変化していても悲しく聴こえる声や楽曲もあるでしょう。とはいえ、そうした悲しい声／楽曲は、テンポが遅く、全体的な音量が小さく、全体的な音程が低く……といった他の特徴をある程度備えているはずです。ここで挙げた特徴をすべてもつ必要はありませんが、いくつか揃うと、それに対応する感情が楽曲に聴き取られるようになるということです。

ここで、「長調（メジャー）は明るい、楽しい」「短調（マイナー）は暗い、悲しい」といった話を思い出した人もいるでしょう。しかし、話はそう単純ではありません。というのも、長調で物悲しく聴こえる曲もあれば、短調でも暗くない曲もあるからです。たとえば、サザンオールスターズの《ＴＳＵＮＡＭＩ》は長調で、《勝手にシンドバッド》は短調ですが、後者の方が明るく聴こえるでしょう。《ＴＳＵＮＡＭＩ》はテンポがゆっくりなのに対し、《勝手にシンドバッド》は速いテンポだからです。

とはいえ、「長調が明るく短調は暗い」とよく言われることは確かなので、その点についても何か説明が必要でしょう。注目すべきなのは、短調のメロディは長調のメロディよりも音程の上下幅が少ない傾向にあることです。そしてこの傾向は、先ほど述べた感情と喋り方の関係と一致します。長調のメロディは楽しいときの喋り方と同じく音程の上下が大きくなる傾向にあり、短調のメロディは悲しいときの喋り方のように音程の上下が少なくなる傾向にあります。やはり重要なのは喋り方との共通点なのです。[5]

類似性知覚の普遍性

以上からわかるのは、**楽曲の感情的要素は、感情的な声の調子と類似したものとして知覚されている**ということです。では、なぜ私たちはこうした類似性知覚の仕組みをもっているのでしょうか。

それを理解するうえで重要なのは、私たち人間が他人とともに社会生活を送っていることです。他人と一緒に生活するうえでは、他人の感情を気にかけなければなりません。何か頼み事をするなら相手の機嫌が良いときがいいですし、怒っている人には近づきたくありません。他人がどういう感情をもっているかは非常に重要な関心事なのです。そのため私たちは、**他人の表情や声の調子から、その人の感情を推測する能力を進化的に獲得した**と考えられます。そして、**音楽を聴く際にもその能力が働いてしまう**のです。[6]

こうした見解を支持する研究をいくつか紹介しておきましょう。[7] 前述の音楽心理学者ジュスリンとペトリ・ラウッカは、声と感情に関する研究を集め、そのデータを分析しました。そこには、実生活での発話、役者の演技、実際の飛行機事故での恐怖の叫びなど、さまざまな文化圏の多様な言語で発話された声が含まれています。

分析の結果によると、文化や言語が違っても、喜びの声は悲しみの声よりテンポが速いといった前述の特徴は共通していたそうです。こうした特徴があるために、発話されている言語を知らなかったり、声の主とは違う文化圏で生活していたりする人でも、その声がどういった感情で発せられたか理解することができるわけです。[8]

さらにこの研究では音楽も調べられていました。作曲家が、悲しみ、怒り、恐怖、優しさといった感情を表すようにして作ったメロディも分析されていたのです。ジャンルは、クラシック、民謡、インドのラーガ、ジャズ、ロック、ポップ、童謡、即興演奏など、非常に多様でした。ですがそれでも、楽しいメロディはテンポが速い、といった前述の共通点がみられたそうです。

これとは別に、異なる文化圏の人々に音楽を聴いてもらう研究もあります。[9] トーマス・フリッツ、スティーヴン・ケルシュをはじめとするマックスプランク人間認知・脳科学研究所の研究チームは、西洋音楽を聴いたことがないカメルーンのマファ族の人々のもとに調査に向かいました。そこで、コンピュータ生成された西洋音楽的な三つのピアノ曲、喜び、悲しみ、恐怖を思わせる曲を聴いてもらいました。曲を聴いてもらった後、喜びの顔、悲しい顔、怖がっている顔の三枚の写真を見せ、聴いた曲に最も良く合う写真を選んでもらいました。するとマファ族の人々は、偶然以上の確率で曲と写真を対応づけることができました。喜びの曲を聴いた後では喜びの顔の写真を選び、悲しい曲を聴いた後では悲しい顔の写真を選び、怖い曲を聴いた後では怖がっている顔の写真を選んだのです。マファ族には音楽でいろいろな感情を表現するという発想自体がそもそもなく、その人々にとって音楽はすべて楽しいものだそうですが、それでも曲がもつ感情的要素を聴き取ることができたのです。

以上の研究ですべての感情が扱われているわけではありませんが、それでも前述の考えを支持する一定の根拠が得られます。声の調子から感情を推測する能力は、進化によって獲得されたものであり、すべての人間に共通するものだと考えられます。そして、この能力は音楽を聴く際にも働いており、だからこそ自分とは違う文化の音楽でも、その感情的要素を聴き取ることができるのです。

感情伝染

ここで、聴き手に生まれる感情について少し補足しておきましょう。先ほど、楽曲の悲しさを聴き取るために聴き手が悲しくなる必要はないと述べましたが、楽曲の悲しさを聴き取った**結果として**聴き手が悲しくなる可能性がないわけではありません。それは、「感情伝染」という現象が起こる可能性があるからです。

感情伝染とは、他人の感情のサインを知覚することで、自分もその感情に近い状態になるというものです。たとえば、他人の笑い声（喜びのサイン）を聞いたら自分に何の良いことがなくても少し明るくなったり、他人の泣き声（悲しみのサイン）を聞いたら自分に何の喪失もなくても少し暗くなったりすることがあります。

こうした伝染は音楽を聴く場合にも起こる可能性があります。つまり、楽曲がもつ悲しさを聴くことで、自分には何の喪失がなくとも、少し悲しくなるかもしれないということです。[10]

とはいえ注意すべきですが、**感情伝染は必ず起こるものではありません**。他人の笑い声がうるさくてイライラすることもありますし、泣き声をあげているのが自分の嫌いな人なら

「ざまあみろ」と良い気持ちになることもあるでしょう。音楽の場合も同様に、楽曲の悲しさを聴き取ったからといって、必ずしも聴き手に悲しみが生まれるとは限りません。生まれることもあるでしょうが、「伝染は必ず起こる」「悲しい楽曲は**通常**聴き手を悲しくさせる」と考えるのは間違いです。

さらに言えば、こうした伝染が起こるためには、その前に、悲しい楽曲と悲しい声の類似性が知覚されていなければなりません。楽曲が悲しいときの声に似たものとして知覚されなければ、その悲しみが伝染することもないでしょう。楽曲からの感情伝染がもし起こるなら、それは類似性知覚に基づいているわけです。

感情を込めた演奏

類似性知覚は、私たちの思考や意志とは無関係に勝手に働いてしまうものです。テンポが遅くて音程の上下が少ないメロディを聴いたら、そこには否応なしに悲しみが感じられてしまいます。そのメロディ自体を楽しいものとして聴くのは不可能でしょう。

こういった制限は聴覚以外にもあります。たとえば、（^_^）という顔文字を見ると、「楽しい」「嬉しい」といったポジティヴな感情の印象が否応なしに浮かびます。なぜなら、（^_^）という顔文字は、人間が嬉しいときに作る笑顔と似たような特徴をもっているからです。この顔文字から悲しみの印象を受け取ることは不可能でしょう。これとは反対に、（-_-）の顔文字にはネガティヴな感情の印象をもたざるをえません。表情や声の調子の感情表現との類似性を見出す能力は、私たちの意志とは勝手に働いてしまうのです。

だからこそ、**自分の感情を表現しようと思ったらこの仕組みを利用せざるをえません**。自分が楽しんでいることを他人に顔文字で伝えようと思ったら、（^_^）を使う必要があります。もし（-_-）を使ってしまったら、相手には悲しみの印象が与えられてしまい、自分が抱いた楽しさは伝わらないでしょう。

音楽も同様です。楽しさを表現する曲を作ろうと思ったら、楽しいときの声と似た特徴を曲に入れなければなりません。テンポを遅くして音程の上下を少なくした曲では、聴いた人に悲しみの印象が与えられてしまうので、楽しみを伝えることはできないでしょう。演奏に関しても同じです。「演奏に感情を込める」といったことはいろんな場面でいろんな意味で使われますが、もしそれが聴き手に感情的要素を聴き取ってもらうことを意味しているなら、こうした類似性知覚の法則を利用しなければなりません。聴き手に悲しみの印象を与える演奏をするためには、元の曲よりもテンポを遅くしたり、抑揚を少なくしたりする必要があります。

音響的特徴の限界

以上から《フォー・ユー・ブルー》と《いとしのレイラ》の愛の違いも説明できます。《フォー・ユー・ブルー》はゆったりとした穏やかなもので、優しい喋り方との類似性があります。そのため、妻への落ち着いた愛の現れとしてふさわしいと言えます。他方で《いとしのレイラ》の激しさは、怒っている人の喋り方と共通するところがあります。だからこそ、他人の妻に対する愛、それが報われない不満や怒りにふさわしいと言えるでしょう。第Ⅰ部でみた通り、愛そのものは感情ではないのですが、愛から生まれる感情は類似性知覚の法則を利用して音に表されるのです。

しかし、ここで次のような疑問が生まれます。「愛から生まれた怒り」が聴き取れることは説明されましたが、「愛そのもの」は聴き取れるのでしょうか。あるいは、「愛から生まれる怒り」と「単なる怒り」を区別して聴き取ることはできるのでしょうか。

実のところ、音響的特徴だけでは「怒り」と「愛から生まれた怒り」は区別できそうにありません。というのも、声の調子に知覚できる感情の数はかなり限定されているからです。先ほどの表では、怒り、悲しみ、楽しさ（喜び）、優しさ、恐怖の五つが挙げられていました。音響的特徴だけで区別できるのはおそらくこれくらいでしょう。声だけでは他の複雑な感情は判別できません。まして愛は、第Ⅰ部でみたように多様な物事の複合体なので、声だけで理解できるわけがありません。

そうすると、**楽曲に愛を感じ取るためには、類似性知覚に別の仕組みが加わる必要がある**ことになります。そこで注目したいのは「連合」と呼ばれる心の働きです[11]。

連合は「二つの物事を結びつける」心の働きで、とくに「パブロフの犬」と呼ばれる実験が有名でしょう。犬に食事を与えるときにベルを鳴らしていたら、そのうちベルの音を聴くだけで唾液がたくさん分泌されるようになってしまった、というものです。ベルの音と食事は本来無関係なものですが、一緒に経験することで二つが結びついてしまうのです。

こうした連合が音楽でどう働くかを理解するために、一度愛から離れてノスタルジー（郷愁／望郷）に注目したいと思います。というのも、ノスタルジーは音楽を聴く際によく経験されるものであり、また、その経験には明らかに連合が関わっているからです。

音楽とノスタルジー

ノスタルジーは、離れた故郷を思い出したり、過ぎ去ってしまった昔の日々を懐かしく思ったりしたときに経験される感情です。この感情の特徴として、正の感情と負の感情どちらの要素もあるという点が挙げられます。ノスタルジーは、良かった過去を思い出す点に喜びがありますが、その過去はもう戻らないと気づいている点に悲しみがあります。甘さと切なさが同居する「ほろ苦い」混合感情なのです。

では、ノスタルジーを抱いているときに独特の喋り方というのはあるのでしょうか。誰かの声を耳にしたとき、その声の音響的特徴だけで「この人はノスタルジーを感じているんだな」とわかることなどあるのでしょうか。

喜びの声や悲しみの声なら、その判別はとても簡単です。誰かがあなたの知らない言語で喋っているとき、その意味はわからなくとも、声の調子からその人が喜んでいるのか悲しんでいるのかはすぐにわかります。

　ですが、ノスタルジーはどうでしょうか。誰かがあなたの知らない言語で何か言っているとき、その声の調子だけで「この人はノスタルジーを感じているな」と判定することはできるのでしょうか。

　ひょっとすると、喜びの声の特徴と悲しみの声の特徴がうまいこと混ざり合っていて、声の主は正でも負でもある両義的な感情を抱いていると気づくことがあるかもしれません。しかし、喜びと悲しみを同時に抱いているだけではノスタルジーにはなりません。というのも、ノスタルジーがノスタルジーであるためには、**過去を思い出していること**が不可欠だからです。ノスタルジーは過去に思いを馳せることで生まれる喜びと悲しみの混合感情なのです。

　ですが、過去について思いを馳せているときに特徴的な喋り方というのはありません。そのため、喜びと悲しみが入り混じったような喋り声に聴こえるだけでは、ノスタルジーに特徴的な喋り方とは言えないのです。

　ノスタルジーに典型的な声の特徴がないなら、音響的特徴だけでノスタルジーを感じさせる楽曲は存在しないことになります。しかし、楽曲を聴いて「ノスタルジックな雰囲気がする」と言われる場合はよくあります。そうである以上、そこには類似性知覚以外の仕組みが関与しています。つまり、音響的特徴と過去を結びつけるような連合が必要になるのです。

その例としてジュスリンは、ＭＯＯＧという会社が開発したシンセサイザーの音色を挙げています。一九六〇年代後半から七〇年代にかけて、そのシンセサイザーを使用した曲がよく作られていました。その独特の音色は当時の音楽を印象づけるものとなり、現代ではそれが七〇年代を思い起こさせる記号になっていると言っていいでしょう。その音色を聴けば、当時を経験している人はノスタルジーを抱きますし、当時を生きていない人でも「あの時代を象徴するもの」として楽曲のうちにノスタルジーを感じ取ることができるようになります。

この経験にとって重要なのは、音色という音響的特徴そのものではなく、音色と過去に関する知識の連合です。音楽にとくに詳しくない人は、その音色を聴いても何もノスタルジーを感じないでしょう。本来その音色と特定の時代は無関係だからです。ですが、パブロフの犬のベルの音と唾液のように、連合によって音色が特定の時代の雰囲気を帯びるようになるのです。

もちろん、こうした連合は音色だけに限られません。特定の時代に流行ったメロディ、曲調、リズムなども、過去との結びつきでノスタルジーを感じさせるものになるでしょう。また、映画『菊次郎の夏』のメインテーマである久石譲の《Summer》のように、少年時代をイメージさせる映像とよく一緒に流される曲も、連合によりノスタルジーを感じさせるものになるでしょう。

連合の力

連合はノスタルジー以外にも関わります。たとえばホラー映画の音楽を考えてみましょう。映画『サイコ』で、シャワーを浴びている女性が襲われる場面のＢＧＭは、テレビ番組などで不穏な雰囲気を演出するためによく使われます。みなさんも一度はきっと聴いたことがあるはずです。『サイコ』を観たことがある人が映画以外の場面でその曲を聴いたとき、映画のシャワーシーンが思い出され、不吉な感じがするかもしれません。『サイコ』を観ていなくても、不穏な場面でその曲が使われているのを何度も聴いて「この曲は不吉だ」といった印象ができあがっていれば、それを聴いたときに不穏な気持ちになるでしょう。曲と不吉な場面との連合が聴き手に恐怖を生み出すわけです。

ここで重要なのは、**聴き手に感情を生み出しているのは、楽曲そのものではなく、楽曲と連合したイメージ**だということです。音楽は音の配列にすぎず、聴き手に危険をもたらすものではありません。そのため、音楽そのものが恐怖を生み出すことはありません。しかし、その音楽と連合したホラーのイメージは、危険な状況を想像させ、それが恐怖を生み出します。これと同様に、連合を介していろいろな曲がいろいろな感情を喚起するようになるでしょう。

ちなみに、連合は多くの人に受け入れられているものと個人的なものに分けられます。『菊次郎の夏』の《Summer》は多くの人にノスタルジーを感じさせ、『サイコ』のＢＧＭは多くの人に恐怖や不安を生み出すでしょうが、他人とは共有できない結びつきが成り立つことがあります。たとえば、《ジングル・ベル》がよく流れている頃に恋人と別れた人は、《ジングル・ベル》を聴くと自分の失恋が思い出され、その記憶が悲しみを生み出すようになるかもしれません。音響的特徴からすれば《ジングル・ベル》は「楽しい」ものですが、失恋の記憶のためにその人にとっては「悲しい曲」になるのです。

以上のように、音楽はさまざまな物事と連合し、連合を介してさまざまな感情の色合いを帯びる可能性があります。前にみたように、音響的特徴として音楽に表される感情は五つくらいしかなさそうですが、連合によってその制限が取り払われ、音楽は実に多様な感情を表し、また、聴き手に多様な感情を生み出すようになります。

以上から、愛を感じさせる楽曲がどんなものか説明できます。重要なのは、やはり背景情報です。音響的特徴からは「優しさ」や「怒り」しか聴き取れないとしても、**楽曲と背景情報との結びつきがあれば、「愛から生まれる優しさ」や「愛から生まれる怒り」が聴けるようになる**わけです。

ハリスンとクラプトンの事情を知らない人も、《フォー・ユー・ブルー》に優しさを、《いとしのレイラ》に怒りを聴き取ることはできるでしょう。しかし、愛の優しさや報われない愛の怒りを聴き取ることはできません。それを聴き取るためには、作曲の事情に関する背景情報と楽曲が連合している必要があるわけです。

*

本章の考察をまとめましょう。楽曲がもつ楽しさや悲しさは、楽しいときや悲しいときの人間の喋り方と類似したものとして知覚されています。こうした類似性に基づいて知覚される感情の数は数種類しかないため、楽曲に「愛の楽しさ」や「愛の悲しさ」を聴き取るためには、背景情報との連合が必要となります。
歌の場合、楽曲と連合するのは何よりもまずその歌詞でしょう。次章では、歌詞が聴き手にどのように影響を与えるかについて検討したいと思います。

*1　本書では、鳥などの動物が繁殖相手をみつけるために行なう「求愛ソング」は取り上げず、愛に関する明確な歌詞をもつ歌を検討します。

*2　実のところ、《いとしのレイラ》は最初から激しい曲ではなかったそうです。レコーディングに参加したデュアン・オールマンが有名なイントロのギターリフを思いつき、それに応じるかたちで激しいロックへと編曲されたと言われています（Schumacher [2003] p. 151）。

*3　以下は、源河（二〇一九）第8～10講の議論にいくつか論点を追加したものです。その議論はKivy（2002）およびDavies（2011）に基づいています。

*4　この表はJuslin（2019）p. 162 table 11.1を簡略化したものです。

*5　Huron and Davies（2012）、パウエル（二〇一七）六八頁。

＊6　Juslin (2019) p. 162、Kivy (2002) p. 41-43、源河（二〇一九）第8講。

＊7　以下はケルシュ（二〇二二）三一～三五頁で紹介されています。

＊8　Juslin and Laukka (2003)。

＊9　Fritz et al. (2009)。

＊10　Davies (2011) chap.4、Robinson (2005) chap.13、ジュスリン（二〇〇八）二四八頁。

＊11　以下で説明する連合とは別に、擬人化に力点を置いた説明もあります。たとえば Levinson (1990)、その解説としては源河（二〇一九）第10章を参照。

第7章

愛の言葉はどう響くのか

——学習と共感

「恋は焦らず」
分かってますとも
でもきっと私慎重になりすぎて
君との距離　縮まないままかもね

SHISHAMO／ねぇ、

前章は楽曲を検討したので、次に歌詞について考えていきましょう。本章では、ラブソングに限らず歌一般に関して歌詞がどのように働くかを明らかにし、それを踏まえて愛をテーマにした歌詞を検討します。あらかじめ述べておくと、とくに重要な論点が二つあります。

一つ目は「学習」です。第4章で、愛には生物学的な仕組みだけでなく文化的な側面があると述べていました。愛は文化的な決まり事を学ぶことで抱けるようになるものです。そして、こうした学習にラブソングが役に立ちます。ラブソングは、愛とはどういうものか、恋に落ちたときにどう行動すべきか、といったことを教えてくれる学習教材になるのです。

もう一つは「混乱の解消」です。第5章でみたように愛はさまざまな症状の集合体なのですが、症状がさまざまだからこそ、恋に落ちた人は混乱状態にあると言えます。そのとき「恋に落ちたらこうなる」と歌うラブソングを聴くと、その混乱が整理されます。これは「歌詞への共感」とも関係しているでしょう。自分では言葉にできなかった気持ちが歌詞によって言語化され、「自分はこう思っていたんだ」と理解できるようになるのです。

ラブソングの歌詞にこれら二つの役割があることについて、そう反論は出ないと思います。「確かにそうかもな」と思えるのではないでしょうか。ですが本章では、歌詞のどういう特徴が学習や整理に貢献するのかについて、例を挙げつつ具体的に説明したいと思います。

教材としての歌

ラブソングが愛の学習教材として働くと主張する根拠は、ラブソングに限らず**歌は一般的に学習教材として便利なもの**だからです。

その例として、音楽に関する脳科学を研究しているダニエル・レヴィティンは《ＡＢＣのうた》を挙げています。[1] ご存じの通りこの歌は《きらきら星》のメロディに乗せてアルファベットを読み上げていくもので、子供がアルファベットを覚えるための学習教材として使われています。アルファベット二六文字を一気に全部覚えるのは大変ですが、ＡＢＣＤ／ＥＦＧ／ＨＩＪＫ／というように、《きらきら星》のメロディに合わせて小さい固まりに区切ると覚えやすくなるわけです。

同様の例は他にもたくさん挙げられます。森高千里の《ロックンロール県庁所在地》は各県の県庁所在地を覚えるために役立ちますし、子供が干支を覚えるための歌もいくつかあります。《ポケモン言えるかな？》のラップでポケモンの種類を覚えた人もいるでしょう。また、日本の歴代総理大臣や元素記号を覚えるときに自分で独自のリズムや音高パターン（つまりメロディ）をつけたり、何かの替え歌を作ったりした人もいるのではないでしょうか。

暗記に音楽が役立つのは、覚えるための手がかりが増えるからです。覚えるべき語句とメロディが一緒に記憶されると、**メロディを頼りにして語句を思い出すことができる**わけです。[2]

歌による愛の伝道

歌による学習は単語の暗記に限られません。より高度な思想を伝えるためにも歌が使われます。例としてヒンドゥー教の「バクティ思想」を取り上げましょう。[3]

バクティ思想とは神に対する絶対的な帰依のことです。言い換えると、神に身を委ね、神から恩寵《おんちょう》を受け救われていることを喜び、神を崇拝・賛美するということです。こうした崇拝は他の宗教にもあると思われるでしょうが、バクティ思想の独特な点は、神を人のような人格をもつ存在とみなし、その神に対して恋愛のような気持ちをもって帰依するところです。この点からバクティは「信愛」とも訳されます。

バクティ思想は、紀元前後に成立したとされる聖典『バガヴァッド・ギーター』ですでに説かれていますが、それが民衆に広まり始めたのは六世紀や七世紀頃だと言われています。そこで役立ったのが歌です。バクティ思想は知的エリートたちによって古典サンスクリット語で体系化されていたのですが、その言語は民衆が日常的に使用しているものではありませんでした。その思想を広めるには日常的に使用される言葉を使わなければなりません。さらに、文字に頼らずに目や耳でわかる布教方法が求められました。そこで伝道者たちは、民衆の前で神に対する賛美を歌ったり、歌で民衆に語りかけたりしたそうです。つまり、伝道者は吟遊詩人としてバクティ思想を伝えたのです。

ここで第４章の宮廷風恋愛の話が思い出されるでしょう。中世ヨーロッパに現れた宮廷風恋愛は、領主の妻と騎士のあいだに生まれる婚外の恋愛であり、肉体よりも精神性が重視されていました。その愛の概念を広めたのはトルバドゥールと呼ばれる吟遊詩人たちです。先ほどの神に対する恋心と同じく、領主の妻への精神的な恋心も、吟遊詩人たちの歌によって広められていました。

こうした歴史的事実は、歌が愛を学ぶために役立つ教材であることを示しています。愛とはこういうものだ、恋に落ちたときに人はこうなる、このように振る舞うべきだ、といったこと、つまり愛の概念は、歌われることで聴き手に伝わりやすくなるのです。[4]

この点は日常的な経験からも明らかでしょう。私たちは実際に自分が恋に落ちる前からいろいろな場面でラブソングを耳にして、「恋というものがあるらしい」「恋すると人はこうなるらしい」という情報を得ています。いろいろなラブソングを聴けば、自分の生涯では経験できないほど多くの恋のあり方を知ることができるようになるでしょう。そして実際に自分が恋に落ちたときに、事前に得た情報を手がかりとして「これが恋なんだ」と気づくわけです。

歌は世に連れ、世は歌に連れ

ここで一つ注意点があります。歌は愛の概念を広めるための便利な道具だと述べましたが、他方で第４章では、愛は時代や文化によって異なると述べていました。これら二点を踏まえると、ラブソングで歌われる内容も時代や文化によって変化すると考えられるでしょう。

一九七〇年代を代表する作詞家の阿久悠は、歌を作るうえでは「時代の飢餓感」を捉えることが重要だと述べています。その時代にみんなが求めるものを歌詞で表現して与えるのが歌の役割だと言うことです。[5]

そうすると、時代が求める恋愛のあり方を歌ったものがヒットしそうだと考えられるかもしれません。ですが、話はそう単純ではありません。というのも、たとえ歌詞が時代の飢餓感を捉えていても、楽曲が良くなかったり、楽曲と歌詞がうまく噛み合っていなかったりする歌はヒットしないからです。さらには、何が売れるのかには複雑な要因が関係しています（コマーシャルのタイアップがとれるか、芸能事務所がどういった人を売り出そうとしているか、人々がよく音楽を聴く環境はどうなっているか、等々）。

また、音楽の力が歌詞よりもはるかに重要になる場合もあります。それが顕著なのは一九九〇年代のＪポップです。その時代の歌には、歌詞カードをみなければ何を言っているかわからないものもよくありました。こうした歌の場合、歌手の歌声は、歌詞を物語る声であるよりも、ギターやピアノと並ぶ楽器としての「人間の声」の演奏という役割が重視されていたように思われます。[6] 歌詞に時代を反映する役割を託すという歌の作り方は、七〇年代の歌謡曲にはよく当てはまりますが、Ｊポップにはそこまで当てはまりません。「歌は世に連れ、世は歌に連れ」と言いますが、**時代とともに変化するのは歌詞だけではない**のです。[7]

以上を踏まえると、特定の時代にヒットしたラブソングの歌詞をみて「この時代はこんな愛が求められていた／その当時の愛はこうだった」と考えるのは早急だということになります。**歌詞が時代を反映していない歌も、他の要因のためにヒットする可能性がある**からです。本書ではラブソングの歌詞から恋愛に関する世相を理解しようとはしませんが、もしそれをやりたい人がいたら以上の点に注意してください。[8]

歌にする利点

話を戻しましょう。歌は学習教材になると言いましたが、改めて考えてみると学習教材は歌の他にもいろいろあります。恋愛を題材にした小説、漫画、演劇からも、さまざまな文化や時代の愛の概念、「愛とはこういうものだ」という考えを学ぶことができるでしょう。

そうした教材と歌の違いは、やはり歌には音楽があることです。言葉だけで知識や思想を伝えるのではなく、音楽に合わせた言葉で知識を伝えているわけです。そうすると、**歌詞の役割を理解するためには、それが音楽と一緒になっている点を踏まえた説明が必要になるで**しょう。

最初に注目したいのは、楽曲がもたらすポジティヴな感情です。楽曲が良い場合、それを聴くことで喜びや興奮といったポジティヴな感情が経験され、その感情が歌詞の内容に関する評価に影響を与えると考えられます。というのも、そもそも感情は判断に影響を与えるものだからです。

たとえば、普段の生活の満足度を調べる研究では、満足度を晴れの日に尋ねる場合と雨の日に尋ねる場合で、回答に違いがあると報告されています。晴れの方が満足度が高いと評価される傾向にあるのです。ある一日の天気が「生活の満足度」という長期的な評価に強く影響するはずはないのですが、晴れの日にはあらかじめポジティヴな感情が生まれており、それが生活の満足度をより高く見積もらせるように作用したのです。[9]

歌でも同じようなことが起こっているでしょう。良い楽曲を聴いてポジティヴな感情が生まれると、楽曲と一緒に聴かれている歌詞の内容もポジティヴなものとして評価されるということです。そして、ポジティヴに評価された歌詞の内容は、良いものとして受け入れられる可能性が上がります。愛のあり方を描いているラブソングに限らず、神を賛美する宗教的な歌も、世間に対する不満を述べる歌も、戦争に反対して平和を願う歌も、楽曲が素晴らしければ、同時に聴かれたメッセージも素晴らしいものとして受け入れられやすくなります。

つまり、**ポジティヴな感情を呼び起こすことのできる良い楽曲は、歌詞で言われている思想を聴き手に受け入れやすくさせる効果がある**と考えられるのです。

とはいえ、この効果は簡単に利用できるわけではありません。良い楽曲を作るのも大変ですし、良い楽曲に合わせるためには歌詞にも工夫が必要です。松本隆や及川眠子《ねこ》など実際にいくつもヒット曲を生み出している作詞家は、歌詞は音楽に乗せるために作られた言葉であり、読むための文章とは作り方が違うと述べています。**音楽がもつ力に負けないような言葉の並べ方が必要**だというわけです。[10]

冗長性と反復

別の特徴をみてみましょう。歌には反復と冗長性という特徴がよくみられます。[11] 冗長性は、必要最低限以上のものがあるということです。次の歌詞をみてください。

ねぇ　どうして　すっごくすごく好きなこと
ただ　伝えたいだけなのに　ルルルルル
うまく　言えないんだろう…

ねぇ　せめて　夢で会いたいと願う
夜に限って　いちども　ルルルルル
出てきてはくれないね

ねぇ　どうして　すごく愛してる人に
愛してる　と言うだけで　ルルルルル
涙が　出ちゃうんだろう…

DREAMS COME TRUE／LOVE LOVE LOVE

この歌詞を簡潔に要約すると「愛していると言うのは難しい」になるでしょう。その難しさが、夢だったら言えるのに、言おうとすると涙が出てしまう、というように、表現を変えて複数回述べられています。「愛を伝える難しさ」を表す言葉が必要最低限以上に重複して現れているということです。また、表現を変えているところに歌詞の面白さがあります。「愛していると言うのは難しい」と要約してしまったら、面白みがすっかりなくなってしまうでしょう。

次に反復をみてみましょう。反復は文字通り繰り返しです。AメロやBメロの歌詞は一番と二番で違っても、サビの部分は同じ歌はよくあります。また、先ほど取り上げた《LOVE LOVE LOVE》も、最後に「LOVE LOVE 愛を叫ぼう 愛を呼ぼう」が四回繰り返されています。

冗長性や反復はメッセージを刷り込ませるうえで役立ちます。短時間で同じ趣旨のことを何度も聴かせることができるからです。この効果は音楽なしでは得られないかもしれません。演説で同じようなことを何度も言われると「さっきも聞いたよ」と飽き飽きしてしまいますが、**音楽に乗せることで聴き手を飽きさせずに同じ内容を繰り返し述べることができる**ようになります。このようにして歌はメッセージを効果的に伝える手段になっているわけです。

ここまで歌の学習効果を取り上げてきましたが、歌には他の役割もあります。本章の冒頭で述べたように、聴き手の気持ちを整理することです。次にその点を検討しましょう。

歌詞への共感

ラブソングに限らず、歌が評価されるポイントの一つとして「歌詞に共感できる」ということがよく言われます。歌を聴いてその言葉を理解したときに、言われていることに同意できる、自分も同じ経験をしたことがある、と思ったことが少なからずあるでしょう。それどころか「まさに自分のことが歌われている」と思ったことがある人もいるかもしれません。

たとえば、片思いのときに次のような経験をした人も多いのではないでしょうか。

〝好き〟なんて言えない　あなたしか見えないよ
瞳があうたび　声を聞くたび

愛しくなる　切なくなる

〝好き〟だけど苦しい　今の私　どう映ってるの
誰かを見る　横顔は　ふり向かない　ふり向かせたい

もしも二人で　寄り添いあってキスしたらなんて思っても
叶わないのに　叶わないのに

あなたに恋していいですか？
私じゃダメかな？
もうどうしようもないくらい想い止まらないの
ああ　ずっとずっと一緒にいれたらいいのに…
本気なんです　本気で好きなんです

miwa／片想い

この歌詞の内容について詳しい説明は不要でしょう。「人を好きになったときにこういう気持ちになった」という人はたくさんいると思います。

とはいえ、当然ながら作詞者は聴き手のことを知りません。作詞者は一人、共作でも数人しかいませんが、ヒットソングの聴き手は数え切れないほどいます。聴き手の一人一人に合わせて歌詞を書くことなど不可能です。

では、なぜ他人の書いた歌詞が聴き手自身のことであるかのように思えるのでしょうか。作詞者が作り出した言葉は、なぜ赤の他人である聴き手の共感を得るのでしょうか。

思いの代筆

この点に関して美学者のケンダル・ウォルトンは「思いの代筆」という興味深い考えを提示しています。[12]「思いの代筆」は「スピーチ原稿の代筆」をモデルとして説明されているので、まずスピーチ原稿から考えてみましょう。

政治家が立候補したときの演説、入学式や入社式といった式典での偉い人の言葉、結婚式や葬式での挨拶など、いろいろな場面でスピーチが行なわれます。ですが、その台本を自分でゼロから作り出すのはなかなか大変です。結婚式の挨拶で「別れる」「切る」といった言葉を使うのは避けるべきというように、それぞれの場面にふさわしい言葉／使ってはいけない言葉を気にする必要があります。また、強調に効果的な言葉や伝わりやすい表現を最初から理解している人などそうはいないでしょう。そこで多くの人は例文集を参考にするのではないでしょうか。他人の書いた文章を参考にするわけです。というのも、**他人が作った文章の方が自分の気持ちをより良く表現できることがある**からです。

この点は、スピーチの例文集に複数の例が挙げられていることを考えればわかりやすいでしょう。昔からの友人の結婚式でスピーチすることになったとき、「誠に僭越《せんえつ》ながらご挨拶させていただきます」というのは何か堅苦しくて自分の性格には合わないとか、自分と友人の関係からすると「お二人の門出を祝福いたします」よりも「自分のことのように嬉しいです」の方が良い、など、どれを採用するか考えます。こっちの例文よりもこっちの例文の方が自分の言いたいことにぴったりだ、ということがあるわけです。スピーチをする人は自分の気持ちを表すための文章を自分で作っているわけではないですが、ライターが作ったいくつかの文章のなかから、自分の気持ちの表現としてふさわしいものを選んでいます。選ばれた例文は、他人が作った文章ですが、スピーチする人の気持ちを表すものとして働くわけです。

以上はスピーチの話ですが、ウォルトンは歌詞も同じように機能すると主張しています。**歌詞は作詞者の作った文章ですが、それでも、聴き手の考えていることや感じていることをうまく表しているものとして働く**ということです。これが「思いの代筆」です。歌詞は、聴き手がうまく言葉にできないことを言葉にしてくれるもの、代筆あるいは代弁してくれるものとして鑑賞することができるのです。

この点は歌詞への共感にも関連するでしょう。「この歌詞は共感できる」と思うときに、あらかじめ自分のなかで言いたいことがはっきりして、それが歌詞の内容と合致している、と判定する必要はありません。明確にはなっていないものの自分には何か思うところがあって、歌の歌詞がそれをうまく言語化してくれたという場合も、「共感」と言えるでしょう。自分では言えなかったことを代わりに言ってくれた、ということです。

実際、作詞者が聴き手の共感を重視する場合もあります。たとえば西野カナは、共感できる歌詞を作るためにかなりマーケティング的な手法をとっています。先に作られた曲を聴いて浮かんだイメージやストーリー、登場人物をまとめて企画書を作り、ディレクターと打ち合わせを重ね、企画が固まってきたら自分や友人の経験を組み合わせて歌詞を書き、さらには歌詞が独りよがりにならないように友人の意見を聞いたりアンケートを行なったりしているそうです。[13] こうした手法の作詞では、作詞者自身の気持ちを表現することよりも、聴き手の気持ちを代弁することが重要になっていると言えます。

共感の役割

では、思いの代筆として理解された「共感」にはどのような利点があるのでしょうか。「歌詞に共感できる」というのは良い歌の特徴としてよく挙げられますが、共感できる歌はなぜ良いものと評価されるのでしょうか。

この点に関しては、ウォルトンの考えを応用した美学者のアンナ・クリスティアーノ・リベイロの議論をみるのがいいでしょう。リベイロは「思いの代弁」ではなく「詩の私物化」という言葉を使っており、この考えを使って「悲しい詩を鑑賞することの利点は何か」を検討しています。[14]

悲しい詩を鑑賞してそれに共感すると、鑑賞者も悲しい気持ちになります。ですが第2章でみたように、悲しみをはじめとする負の感情はなるべくなら避けたいものです。では、なぜわざわざ悲しい詩を鑑賞して悲しくなるのでしょうか。

リベイロは、悲しい詩には鑑賞して生まれる悲しみを埋め合わせる三つの良い効果があると主張しています。まず挙げられるのは、**気持ちの整理**です。悲しくなっているときには自分の気持ちを言葉で表現するのが難しくなりますが、自分の気持ちにぴったりな他人の文章をみつけることで、気持ちが言語化されてすっきりします。

さらに、**自分の気持ちが不当ではないと確認できる**という利点もあります。悲しいときの自分にぴったりな詩を読むと、同じ気持ちになった人が他にもいるということがわかります。それによって、こんな気持ちになっているのは自分だけじゃない、他の人もそうなるんだ、こんな気持ちになることは何もおかしくないと認めてもらえたように感じられるわけです。

これと関連して、**世界とのつながりの回復**も指摘されています。悲しみを抱くと、自分が世界から切り離されて一人ぼっちであるかのような感じになることがあります。今まで当たり前だった日常が異質に思えたり、親しい人たちが自分を理解してくれない孤独感にさいなまれたりします。ですが、悲しい詩を読むと、その詩を作った人も自分と同じ気持ちになったのだとわかります。こうした過程のなかで悲しみの孤独感が和らいでいくということです。

ラブソングの効果

以上のリベイロの議論はラブソングにも応用できるでしょう。第１章でみたように、愛は実にさまざまな感情・行動・思考を生み出します。そうした多様なあり方が人を混乱させることもあるでしょう。ですが、ラブソングは聴き手に言葉を与え、混乱した気持ちを整理してくれます。そして、その言葉を作った他の人がいる、他の人も同じ気持ちになっていると気づくことで、自分の気持ちは不当ではないという承認が得られます。また、恋に落ちると自分と相手のこと以外みえなくなってしまいますが、気持ちを整理したり他にも同じ気持ちになった人がいるとわかったりすることで、世界とのつながりが回復されると考えられます。[15]

ですが、ラブソングの効果はこれだけではありません。それに加えて、愛に本質がないことに関わる効果があると考えられます。

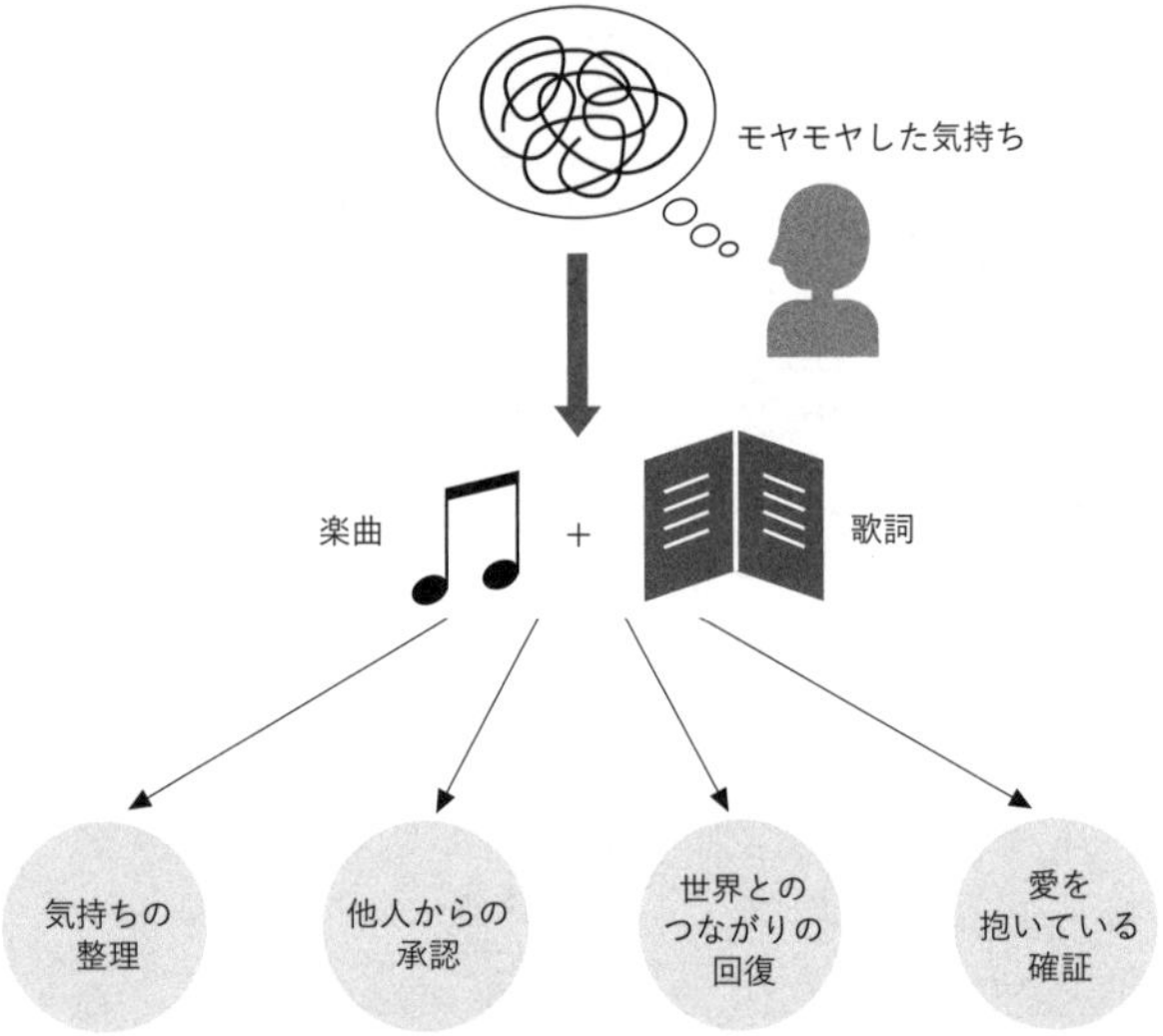

図表15　ラブソングの効果

　第4章や第5章でみたように、愛には多様な形態があり、「これがあれば愛だ」と言えるような愛の本質など存在しません。そのために、自分が本当に相手を愛しているのか確信がもてないこともあるでしょう。「この気持ちは〝愛〟と呼ぶにふさわしいものなのか」と悩むこともたびたびあります。

　そんなときにもラブソングは役立ちます。ラブソングでは「誰かを愛しているときに人はこうなる」ということが歌われています。つまり、愛の症状が列挙されているのです。ラブソングを聴いたとき、その症状が自分にも当てはまるとわかれば、「自分が抱いている気持ちは愛でいいんだ」と自信がもてるでしょう。つまり、**ラブソングを聴くことで愛の確証が得られる**のです（図表15）。

確証が得られると行動にも変化が生まれるでしょう。「自分は相手を本当に愛しているのか、これは〝愛〟ではなく〝気になっている〟くらいではないか」と悩んでいるときには、相手に積極的にアプローチするのがためらわれます。ですが、ラブソングを聴いて自分の状態が愛だと確信すると、愛にふさわしい積極的な行動がとれるようになります。積極的になろうと思えるわけです。そうした行動が増えると、愛はより強固なものになっていくでしょう。

ひょっとすると、ラブソングを聴いたからこそ固まる愛もあるかもしれません。相手を愛しているのかどうか微妙なときにラブソングを聴くと、前述の通り愛の確信が得られますが、もし聴かなかったら、自分の気持ちが愛だと確信することもなく、そのため愛にふさわしい行動もとられず、そのうちに相手への気持ちが消えていったかもしれません。

私物化のしやすさ

以上の効果は、他人が作った言葉を自分のものにすることで得られるものです。しかし、ここで前と同じような疑問が生まれます。恋愛を題材とした小説やドラマにも、私物化できそうな言葉があります。登場人物が述べるセリフも、自分の気持ちにぴったりなものとして鑑賞され、それによって前述の効果を生む可能性があります。

では、愛を歌にすることに特有の利点は何かあるのでしょうか。ここで注目したいのは、**歌詞は情報が少ない**という点です。

ドラマや小説には複数の人物が登場し、それぞれの登場人物は、年齢・性別・容姿・職業といった特徴で区別されます。さらに、物語が進むにつれ、この人物はこういう場面ではこんな感じで行動する、こういう性格・人柄をしている、といったことが具体的に明らかになっていきます。そのため、登場人物が発するセリフは、かなり具体化された人物の気持ちの表れとして鑑賞されるでしょう。

しかし、具体化されるからこそ、登場人物と鑑賞者との違いも明らかになってしまいます。

「自分はこの人の言うことには共感できない」ということも出てくるわけです。もちろん、登場人物と鑑賞者に共通点が多くあれば、そのセリフは自分の体験にぴったりなものとして私物化されるでしょう。ですが、自分と何の共通点もない人物のセリフは自分の気持ちを代弁するものにはならないわけです。

これに対しラブソングの歌詞は、ドラマのセリフと同じく他人の気持ちを表明したものですが、表明している人物に関する情報がそう多くありません。誰が誰を好きになって具体的にどう行動したということは言われておらず、「恋に落ちたら人はこういうことをする」という一般的な傾向が描かれています。

確かに、歌手や作詞家の人柄を知っていれば、歌手や作詞家という具体的な人物の気持ちの表明として歌詞を鑑賞することになるでしょうが、歌はドラマとは違って**作品内**に特定の人物に関する詳しい情報が描かれていません。むしろ、ラブソングの歌詞から得られる情報は、多くの人に当てはまる一般的／抽象的なものです。そして、こうした**情報の少なさのために、ラブソングの歌詞はドラマのセリフよりも私物化しやすいものになっている**でしょう。自分に当てはめやすくなっているのです。その点でラブソングは、他の芸術よりも多くの人の共感を得やすいものになっていると言えます。

ポピュラー音楽と美的経験

以上のようにラブソングには、愛の概念を広め、恋愛に関する混乱を解消させるという二つの役目があります。こうした役割を踏まえると、ラブソングをはじめとしたポピュラー音楽がもつ「使われる」という側面が浮き彫りになります。そしてその側面は、哲学や美学の伝統的な「美的価値」の概念とは違った音楽鑑賞のあり方を示しています。最後に、この点に関して少し説明しておきましょう。

美的価値とは、芸術作品や自然物といった対象を鑑賞し、センスを働かせて対象を評価する経験です。対象が、美しい、醜い、かっこいい、ダサい、ダイナミックだ、ぎこちない、といった特徴をもつことに気づく経験だと言っても良いでしょう。こうした特徴（美的性質）に気づくためには、センスが必要です。センスがない人は、対象の色やかたちや大きさはわかりますが、かっこいいのかダサいのかは区別できないでしょう。[16]

良さに気づく美的経験にはもう一つの側面があると言われます。その良さは、他の何かの役に立つものではない、**それ自体の価値**だということです。

たとえば、「この曲を聴いておかないと流行がわからないやつだと思われるから聴く」という場合、音楽それ自体の価値を経験しているわけではありません。この場合、「自分の社会的地位を保つ」という別の目的のために音楽を聴いています。「聴くとお金がもらえるから聴く」といった場合もそうでしょう。一番大事なのは音楽を聴くことではなく、お金をもらうことです。このように別の目的で音楽を聴くのではなく、「聴きたいから聴く」「聴くこと自体に価値があるから聴く」という場合が、伝統的な美的経験に該当します。

こうした美的経験は、古典とされる歴史的な傑作を鑑賞する場合にはうまく当てはまるでしょう。そうした傑作は、天才である芸術家が自身の考えを表現したものであり、鑑賞者はそれに感嘆したり畏敬の念を抱いたりするしかありません。芸術家が価値ある作品を与える側で、鑑賞者はそれを受け取る側だということです。

ですが本章でみてきたように、歌は、知識や概念を広めたり聴き手の気持ちを整理したりするために使われるものです。歌そのものの良さだけでなく、教材や共感という目的をうまく果たせることが、歌が評価されるポイントとなっているのです。さらには、鑑賞者にうまく使われるために芸術家が作品を作る場合もあります。つまり、伝統的な美的経験概念と価値が逆転している場合さえあるのです。

そして、ラブソングなどのポピュラーソングは、「音楽」と聴いて多くの人が真っ先に思い浮かべるものでしょう。他方で、伝統的な「美的経験」概念がよく当てはまる古典の傑作は、一部の音楽好き以外にはあまり鑑賞されません。そうすると、**美的経験の特徴を「それ自体の価値」に限定してしまうと、かなり少数の人の経験しか扱えない**ことになってしまいます。多くの人がもつ音楽経験を扱えるようにするためには、別の目的で役に立つことをより積極的に認めた、新しい「美的経験」概念が必要になるでしょう。[17]

*

本章の考察をまとめましょう。歌詞が伝える思想や概念は、良い楽曲と一緒になることで聴き手に受け入れられるようになります。そのためラブソングは、愛の概念を広く伝えるために便利な道具となっています。また、歌には聴き手の気持ちを代わりに言語化してくれる役割があり、そのためラブソングは、恋愛で生まれた混乱を解消してくれるのです。

ラブソングは愛を題材にした歌ですが、愛は必ずしもうまくいくものではありません。片思いがかなわなかったり恋人と別れたりするなどの失恋もあります。次章では失恋をテーマにした歌を取り上げることにしましょう。

＊1　レヴィティン（二〇一〇）二〇四～五頁。
＊2　生駒（二〇一五）九八頁。
＊3　置田（二〇〇七）七八頁、田中（二〇〇八）一三三～一四五頁。
＊4　本章では歌が聴き手に与える影響を検討していますが、青田（二〇二二）では歌が歌手のパーソナリティにも影響を与えると指摘されています。
＊5　阿久（二〇〇九）一七三～九頁。
＊6　増田（二〇〇六）第４章、imdkm（二〇一九）第２章。
＊7　最近は再び、歌詞を聴かせることを念頭においた歌謡曲的な歌が増えつつあるという指摘もあります。スージー鈴木（二〇二一）終章を参照。
＊8　以上のように歌詞から世相を読みとくのは難しいですが、試みがないわけではありません。たとえば、歌謡曲については小谷野（二〇〇八）第17章、より最近の歌については中條（二〇二一）

を参照。また、北川（一九九九）に収録された各論文も参照。

*9 大平（二〇一〇）一〇五～六頁。

*10 及川（二〇一八）三〇頁、延江（二〇二一）九一～五頁、藤田（二〇二一）一二一頁。

*11 Bicknell (2015) p.1-2。

*12 Walton (2011/2015)。

*13 西野（二〇一四）六一～三頁。

*14 Ribeiro (2013)。

*15 思いの代弁ないし詩の私物化によって恋愛の気持ちが整理できることは、Carroll (2019) でも指摘されています。

*16 より詳しくは、源河（二〇一九）および源河（二〇二一a）を参照。

*17 より詳しくは、Gracyk (2007)、青田（二〇二二）を参照。

第8章

失恋ソングは失恋の傷をどう癒すのか

——記憶の改変

君が大事にしていたものを
ぼくが好きだった君のことを
ずっと　ずっと引きずってゆくよ
胸が熱くてのたうちまわる
流れ星のように

真心ブラザーズ／流れ星

失恋は心に大きな傷を与えます。悲しみ、絶望、後悔、憂うつ、怒り、憎しみ、嫉妬など、さまざまな負の感情が生まれるでしょう。何も手につかなくなり、ご飯も喉を通らなくなるかもしれません。

失恋から立ち直るために人はいろいろなことをします。旅行に行ったり、高級料理を食べたり、高い買い物をしたり、新しい恋人を探す活動に専念したり、仕事に忙殺されて気を紛らわしたり……。[1] どの方法が一番効果的であるかは人によって違いますが、失恋の傷を癒すさまざまな手段があることは確かです。もちろん、音楽も立ち直る手段の一つでしょう。ライブに行ったり自分で演奏したりするのもいいかもしれません。

音楽にもいろいろありますが、本章で注目したいのは失恋ソングです。ときどき「失恋から立ち直るには失恋ソングを聴くのが良い」と言われることがあります。一見、失恋ソングを聴くと余計に悲しくなりそうですが、それが立ち直るきっかけになるというのです。

では、失恋ソングがもつどういった特徴が癒しを与えてくれるのでしょうか。また、その癒しの仕組みは、旅行や買い物といった他の気分転換とどう違うのでしょうか。

本章ではこの問題に対して、「記憶の改変」に焦点を合わせた考えを提示します。簡単に言えば、失恋ソングは過去の記憶を良いように書き換えてしまうということです。[2]

負の感情のパラドックス

失恋ソングの癒しの仕組みを検討する前に整理しておきたい点があります。それは「負の感情のパラドックス」と呼ばれる問題、簡単に言うと、**嫌な気持ちになるとわかっている物事をなぜわざわざ経験するのか**というものです。

第1章でみたように、恐怖、怒り、悲しみ、といった負の感情は、できるだけ経験したくないものです。感情は自分が置かれた状況を評価するものであり、恐怖は「自分の身に危険が迫っている」、怒りは「自分が不当な扱いを受けている」、悲しみは「自分の大切なものがなくなった」という評価を含んでいました。危険、不当な扱い、重大な喪失は、自分の人生や生活を悪い方に傾けるものです。負の感情が避けたいものであるのは、その感情が生まれる状況が避けたいものであるからでした。

ですが、負の感情を自分から求めているように思われる場面があります。たとえば、遊園地の絶叫マシンに乗ったり、ホラー映画を見たりする場合がそうです。恐怖を感じるとわかっているのに、なぜそれを自ら経験しにいくのでしょうか。

この問題は失恋ソングにも当てはまります。たとえば次の歌詞をみてください。

いつでも捜しているよ　どっかに君の姿を
向かいのホーム　路地裏の窓
こんなとこにいるはずもないのに
願いがもしも叶うなら　今すぐ君のもとへ
できないことは　もう何もない
すべてかけて抱きしめてみせるよ

山崎まさよし／One more time, One more chance

失恋ソングは別れを嘆くものです。なぜ別れてしまったのか、別れがつらい、後悔している、やり直せないかと何度も考えてしまう……。自分が失恋したときにこうした歌を聴くと、相手から拒絶されたことが再認されたり、自分の失敗がより鮮明になったりして、悲しみが倍増してしまうように思われます。

もちろん、こうした場面で負の感情が生まれない場合もあります。絶叫マシンに乗り慣れている人やホラーをよく見る人は、何も恐怖を感じないでしょう。条件次第では負の感情は生まれないのです。同じく、失恋からすっかり立ち直っているなら、失恋ソングを聴いても悲しみは生まれないでしょう。

このように負の感情が生まれない場合もありますが、問題なのは**負の感情が生まれるときに何が起こっているのか**ということです。恐怖を感じつつバンジージャンプを飛んだり、ホラー映画を見たり、悲しくなっても失恋ソングを聴く人がいることは確かです。そうした人は、避けたい感情を抱きつつも、その感情を生み出す状況に近づいていることになります。その人には一体何が起きているのでしょうか。

感情の埋め合わせ

すぐ思いつく考えは、**負の感情を上回るだけの良いことがある**というものでしょう。

この考えを理解するために、筋トレを考えてみましょう。腕立てをしたり、バーベルをあげたり、筋トレはつらく苦しいものです。それでも筋トレをするのは、続けることで理想的な体を手に入れられると信じられるからでしょう。苦しさを上回る結果が得られると思えるからこそ、苦しい筋トレが続けられるわけです。

負の感情のパラドックスも同じように考えられます。絶叫マシンに乗って恐怖が生まれても、それと同時に、日常生活では経験できない体の揺さぶりや、それに伴う身体的興奮を得ることができます。また、ホラー映画を見るときには、物語がどう展開されていくんだろうという好奇心が生まれます。絶叫マシンやホラー映画を進んで経験する人は、身体的興奮や好奇心がもつポジティヴさが恐怖のネガティヴさを上回っているでしょう[3]。

失恋ソングも同じように考えられます。失恋ソングには、聴いた人に悲しみを生み出す仕組みと、その悲しみを上回るだけの良い効果を与える特徴があるはずです。では、その良い効果とは一体どういうものでしょうか。

よくわからない「カタルシス」

ここで「カタルシス」という言葉を思い出した人もいるかもしれません。カタルシスは古代ギリシャの哲学者のアリストテレスが『詩学』のなかで述べたもので、「浄化」を意味する言葉です。アリストテレスは、悲劇を鑑賞した際に憐れみや恐れが浄化を与えてくれると述べています。現代の芸術に関する論評でもこの言葉がたびたび引き合いに出されます。演劇や映画、歌などの芸術は、鑑賞者が日常生活で溜め込んだ鬱憤《うつぷん》などを浄化してくれるというのです。

しかし、カタルシスにはいくつも問題があります。まず、アリストテレスがカタルシスについて述べていることはかなり断片的で、研究者のあいだでも解釈が一致していないことです。そこで言われる憐れみや恐れは、悲劇を鑑賞して生まれたものなのか、悲劇以外の場面（日常生活）で生まれたものなのか、また、浄化されるのは憐れみや恐れなのか、それとも別の負の要素なのか、などなど、多様な解釈がなされています。[4]

芸術批評などでみられる言説も、改めて考えてみるとよくわかりません。悲劇を鑑賞して生まれた負の感情は、鬱憤を増やすのではなく、なぜ浄化してくれるのでしょうか。この疑問を明確にするために、財布を落としたときの悲しみを考えてみましょう。その悲しみは鬱憤を浄化するどころか増やしてしまいます。それなのに、なぜ悲劇鑑賞で生まれる悲しみは鬱憤を浄化するというのでしょうか。ここで「芸術は特別だ」みたいなことを言っても、説明の先送りにしかなりません。悲劇の何がどう特別で、財布を落とした悲しみと何が違うのかについて、より詳細な説明が必要になります。

つまり、「カタルシス」という言葉を出してもたいして話が進まないのです。そもそも「カタルシス」とは何なのか、アリストテレスは何を考えていたのか、といった別の問題がすぐさま浮上してきて、解決への糸口はほとんど得られません。

こうした事情から、以下では「カタルシス」は取り上げません。ひょっとすると、以下で提示する議論を読んで「これってカタルシスのことじゃないの？」と思うことがあるかもしれませんが、そう思われるのは「カタルシス」という言葉の内実が明確に定まっていないからでしょう。もともと何だかよくわからないあやふやな概念なので、何でもかんでも「カタルシス」と呼べるように思えてしまうということです。

私物化の効果

話を戻しましょう。先ほど、失恋ソングを聴いて悲しみが生まれる場合と生まれない場合があると述べていました。恋人との関係がうまくいっていたり、失恋はずいぶん前のことで現在はすっかり立ち直っていたりする場合、失恋ソングを聴いても悲しくはなりません。失恋ソングを聴いて悲しくなるのは、まだ自分の失恋から立ち直れていない場合です。

立ち直れていないときに失恋ソングを聴いて悲しくなるのは、もちろん、自分の失恋が思い出されるからでしょう。そこには前章で取り上げた「歌詞の私物化」が関わっていると考えられます。

前章でみたように、歌の歌詞は他人が作ったものですが、それでも聴いている人の気持ちに当てはまるものとして鑑賞されます。失恋ソングには失恋に関する出来事や失恋を経験したときの心の動きが描かれているので、その歌詞を自分に当てはめると、自分の失恋が思い出されるでしょう。そして、自分の失恋は自分にとっての重大な喪失なので、それを思い出すことで喪失が再認され、再び悲しくなるわけです。

しかし、歌詞の私物化には悲しみを癒す三つの効果がありました。

一つ目は、自分では言葉にできない気持ちに声が与えられたことでスッキリするというものです。前章では恋に落ちたときの気持ちがラブソングの歌詞によって整理されると述べましたが、失恋も複雑な気持ちを生み出すでしょう。悲しみや怒りなど負の感情でいっぱいになり、考えもまとまらず、ご飯も喉を通りません。しかし、失恋ソングの歌詞を自分の気持ちを代弁してくれるものとして聴けば、いくらか気持ちが整理されてスッキリすると考えられます。

二つ目は、自分と同じ経験をした人が他にもいると理解し、自分の気持ちは不当ではないと理解できるというものでした。失恋した自分の気持ちにぴったりの歌詞をみつけることで、同じ気持ちになった人が他にもいるのだ、自分がおかしいわけではないと理解できます。

三つ目は、世界とのつながりの回復でした。悲しみを抱くと自分が世界から取り残されたように感じられます。とくに失恋は他人から拒絶されることで起きることなので、強い孤独感が生まれるでしょう。ですが、他人が作った歌詞が自分の気持ちにぴったりだと気づくと、同じ気持ちになった人が他にもいると理解でき、自分も世界に属する一員であるという実感が回復されるでしょう。

以上は歌詞の私物化を介して得られる癒しですが、失恋ソングを聴くときには他にもさまざまなことが起こっているので、他にもいろいろ癒しの効果がありそうです。さらに検討してみましょう。

涙の効果

失恋ソングを聴くと失恋が再認されて悲しくなると述べましたが、ここにも何か癒しの効果があるでしょうか。

一見すると、悲しくなること自体には何の癒しの効果もなさそうです。その点を理解するために、「カタルシス」のところで挙げた例と似た状況を考えてみましょう。自分が勤める会社が潰れてしまった次の日に、財布をなくしてしまったとします。勤め先も財布も自分にとって大事なものであり、それを失うことで悲しみが生まれます。では、後から生まれた財布をなくした悲しみは、それより前に生まれていた勤め先が潰れた悲しみを和らげてくれるのでしょうか。そんなことはありません。悲しみや喪失が重なるだけで、泣きっ面に蜂でしかないでしょう。

ですが、**悲しみに含まれる身体反応には癒しの効果がありそう**です。代表的なのは涙です。悲しくなると涙が出ますが、涙が出るときには脳でプロラクチンというホルモンが分泌されます。このホルモンは、鎮静作用つまり、興奮を抑えてリラックスさせる効果をもっています。そうすると、失恋ソングを聴いて悲しみが生まれるとき、その悲しみに伴う身体反応は、心を落ち着けたり、体をリラックスさせたりする役割を果たすでしょう。[5]

注意すべきですが、この癒しは失恋ソングや歌に特有のものではありません。勤め先が潰れた後に財布を落として泣いた人も、涙のリラックス効果を得ることができます。涙はいろんな場面で流れるものなので、この癒しは失恋ソングや音楽に特化したものではありません。

それでは次に、より音楽に関わる癒しがないか考えてみましょう。

楽曲の効果

音楽と癒しの関係と言えば「音楽療法」が浮かびます。音楽療法は、心や体の健康の改善・維持を目的として音楽を使用することです。そして音楽療法では「同質の原理」と呼ばれるものがよく取り上げられます。その原理を簡単に言えば、「悲しくなっているときには、楽しい楽曲よりも悲しい楽曲を聴く方が悲しみが和らげられる」というものです。[6]

とはいえ注意すべきなのは、悲しい楽曲が必ず癒しを与えてくれるわけではないことです。そもそも音楽的に良くない楽曲は、曲調が楽しかろうが悲しかろうが、聴くと残念な気持ちになります。また、悲しい楽曲だけが悲しみを和らげてくれるわけではありません。**楽しい楽曲でも悲しい楽曲でも、それが音楽的に素晴らしいものであれば、良い作品を鑑賞したことで喜びや感動といったポジティヴな感情が生まれる**でしょう。

実際、失恋ソングのなかには曲調がまったく悲しくないものもあります。槇原敬之の《もう恋なんてしない》や、Official 髭男 dism の《Pretender》も「失恋ソング」に該当しますが、その曲調はアップテンポで楽しいものです。日本語を知らない人に聴かせると、それが失恋を歌ったものだとは気づけないかもしれません。

そうすると、楽しい失恋ソングの癒しの効果は同質の原理では説明できないことになります。では、何が癒しとなるのでしょうか。

重要なのはやはり歌詞でしょう。歌詞がもつ癒しの効果は私物化のところですでに説明しましたが、それですべてだとは思えません。というのも、私物化に関する論点では、現在の自分の気持ちが整理される点は指摘されていますが、**過去が思い出される**点には触れられていないからです。ですが、思い出すことにも何か癒しの効果があるのではないでしょうか。というのも、失恋を思い出すという過程は、それによって再び失恋の悲しみが生まれてしまうもの、言い換えれば、できるなら避けたい感情を生み出してしまうものだからです。本章の冒頭で負の感情のパラドックスを参照しつつ説明したように、避けたい感情が生まれてしまうからには、それを上回る良い効果が期待されます。**嫌な副作用が出てしまう処置を受けるからには、その処置にそれなりの治療効果があると考えられる**わけです。

言葉と記憶

ここで本書独自の考えを提示したいと思います。それを簡潔に言えば「失恋ソングが過去を美化する」というものです。

もう少し詳しく言うと次のようになります。失恋をした人は、まさに失恋のために、交際期間に体験されたさまざまな物事がネガティヴに捉えられるようになっています。そうした人が失恋ソングを聴いたとき、その歌詞が自分の過去の体験をふさわしく表すものとして私物化されます。このときに過去の交際期間が思い出されて悲しみが生まれますが、同時に、**歌詞がもつポジティヴな内容の影響により、思い出された過去がポジティヴなものに書き換えられてしまう**というわけです。

この主張の根拠となるのは、言葉の影響によって記憶が変化してしまうという現象です。これは記憶研究で「語法効果」と呼ばれるものです。ここでは、記憶心理学の古典とも言えるロフタスらの実験を紹介しましょう[7]。

その実験では、まず参加者に自動車事故の映像を見てもらい、その後で映像についていくつか質問がなされます。質問はいろいろありますが、重要なのは車の速度に関する質問です。しかも、その質問は参加者ごとに言葉を少し変えてなされます。たとえば、ある参加者には「車が当たった（hit）ときの速さはどれくらいのものでしたか?」と尋ねられますが、別の参加者には「車が激突した（smashed）ときの速さはどれくらいのものでしたか?」と尋ねられます。つまり、「当たった」を「激突した」などに変えたりしたわけです。

すると驚きの結果が出ました。なんと言葉によって思い出される速さが変化したのです。

質問の言葉	思い出された速度
接触した（contacted）	**51キロ**（31.8マイル）
当たった（hit）	**54キロ**（34.0マイル）
ぶつかった（bumped）	**61キロ**（38.1マイル）
衝突した（collided）	**63キロ**（39.3マイル）
激突した（smashed）	**65キロ**（40.8マイル）

図表16　言葉によって思い出される記憶は変化する

「当たった」の質問に対して参加者が推定した速度の平均は時速五四キロ（三四・〇マイル）であったのに対し、「激突した」に言葉を変えた質問では平均が時速六五キロ（四〇・八マイル）となりました。同じく、他の言葉でも思い出される速度に違いが出ています（図表16）。

さらに、言葉の違いは推定速度以外にも影響することが示されました。「激突した」の質問で速度を推定してもらった人にも「当たった」で推定してもらった人にも、「割れたガラスを見ましたか？」という質問をしました。そうすると、「激突した」の質問をした人の方がガラスを見たと答える傾向にありました。しかし、実際にはその映像のなかに割れたガラスは映っていなかったのです。

この研究が示しているのは、**言葉の微妙な違いによ**

って思い出される内容が変化してしまうということです。「当たった」よりも強い衝撃のニュアンスをもつ「激突した」の方が、事故がより衝撃的なものとして思い出されます。車のスピードはより速かったと思われますし、実際には映っていなかった割れたガラスを見た記憶が作られてしまうのです。

こうした結果が示しているのは、**記憶はビデオのように確定したかたちで保存されているわけではない**ということです。同時に、「思い出す」という心の働きは、保存されたビデオをただ再生する作業でもありません。記憶に関する心理学では、**思い出す働き自体が記憶を部分的に作り出している**と考えられています。[8]

記憶の改変

語法効果は事故の目撃証言だけでなく記憶一般にみられるものです。そうであるなら、失恋ソングを聴いて自分の失恋を思い出す場面でも、語法効果が現れているでしょう。失恋ソングをきっかけにして自分の過去の失恋を思い出すときには、その歌詞の影響で記憶が変化してしまうということです。

では、なぜそれが癒しにつながるのでしょうか。おそらくそれには過去の美化が関係しています。失恋ソングの歌詞では、失恋の悲しみが描かれつつも、同時に、別れた恋人への感謝、交際時期を懐かしむ気持ち、といったポジティヴな要素が含まれています。そうした失恋ソングを聴いて過去が思い出されるとき、記憶がポジティヴなものに書き換えられるのではないでしょうか。たとえば、「あなたはあんなに優しかった」といった歌詞があれば、相手の行動が優しいものであったかのように思い出される可能性があります。第三者視点からすると何も優しい行動はなかったとしても、相手は自分に優しかったという記憶ができあがってしまうかもしれません。

具体例を使ってもう少し詳しく説明しましょう。失恋ソングとしてとくに人気のあるＨＹの《３６６日》をみてみたいと思います。

恐いくらい覚えているの　あなたの匂いや　しぐさや　全てを
おかしいでしょう？　そう言って笑ってよ

別れているのにあなたの事ばかり
あなたは私の中の忘れられぬ人　全て捧げた人
もう二度と戻れなくても
今はただあなた…あなたの事だけで
あなたの事ばかり

HY／366日

「怖いくらい覚えているの」は、別れた相手を思い出させるきっかけとなるでしょう。相手を思い出しているうち、「忘れられぬ人」「全て捧げた人」という歌詞が聴こえてきます。すると別れた交際相手は、過去に付き合った他の人とは比べ物にならない、次に他の人と付き合ったとしても忘れられない人、それくらい素晴らしい人だったという記憶ができてしまう可能性があります。[9]

注意すべきですが、ここで主張しているのは、失恋ソングによって過去が良かったように

「捉えられるようになる」ということではありません。むしろ、良かったものに「書き換えられてしまう」ということです。思い出される内容は変わらずに評価が後から変わるのではなく、**思い出される内容そのものが変化してしまう**のです。事故の映像を見る実験を例にして説明したように、実際には見ていなかったもの（映像に映っていなかった割れたガラス）も、言葉の影響によって見たという記憶ができてしまいます。失恋ソングもそれと同じく、歌詞が思い出される内容そのものを変化させてしまうでしょう。

　そして、**何度も失恋ソングを聴いて何度も失恋を思い出しているうち、思い出される過去にはポジティヴな要素が増えていく**でしょう。そのうちに、過去の失恋から「重大な喪失」という色合いが薄くなっていくと考えられます。過去を思い出すとき、喜びと悲しみが入り混じったノスタルジーが生まれるようになるのではないでしょうか。

　もちろん、具体的にどの曲を聴けば癒しになるかは人によって異なります。音楽はかなり好き嫌いが分かれるものであり、好みの違いに応じて、あの曲の歌詞は私物化できないがこっちはできる、といったばらつきが生まれます。とはいえ、世の中にはすでにたくさんの失恋ソングが存在しています。自分が私物化できるような歌がみつかれば、ここまで述べてきたような癒しの効果が得られるのではないでしょうか[10]。

恨み節

失恋ソングには過去をポジティヴに描く要素があると述べましたが、すべての失恋ソングがそうではありません。失恋ソングのなかには、ポジティヴな要素が一切なく、相手への恨みしか言っていないものもあります。たとえば次の二つの歌詞をみてください。

泣いてるのはあたし一人あんたになんか泣かせない
ふられたての女くらいだましやすいものはないんだってね
あんた誰と賭けていたのあたしの心はいくらだったの
うらみますうらみます
あんたのこと死ぬまで

中島みゆき／うらみ・ます

外では温厚で　優しい人ってことに
なってるみたいだけど　最悪の腐れ外道だった
まだ震えが止まらない

もうあの人には二度と会う事は無いだろうけど
私は一生　許さない　許さない
忘れない　忘れない

ミドリカワ書房／許さない忘れない

これらの恨み節では、交際相手が自分にひどいことをしたと歌われ、「うらみます」「許さない」とはっきり述べられています。こうした歌はどう癒しになるのでしょうか。

まず、歌詞の私物化による癒しは恨み節からでも得られるでしょう。ひどい相手と付き合ったせいでぐちゃぐちゃになった心が、歌詞の言葉によって整理されたり、こんなひどい目にあっているのは自分だけじゃないと感じられたりするわけです。

では、記憶に関する影響はどうでしょう。恨み節を聴いて過去を思い出すと、先ほどとは逆で、**記憶がネガティヴなものに書き換えられてしまう**でしょう。相手は自分に対して不当なことをしていた、不誠実だったというように思い出されるわけです。実際のところ相手には優しいところもあったかもしれませんが、その記憶はなくなり、本当にひどいことばかりされていたという記憶に書き換わってしまうでしょう。美化の反対、「記憶の悪化（?）」が起こるわけです。

そうすると、別れた相手をさらに追い求める価値はないと思えてくるのではないでしょうか。失恋直後には相手のことが忘れられず、できるならもう一度付き合いたいと思うものですが、恨み節はそうした**執着を薄めてくれる**でしょう。

さらには、失恋の悲しみが相手に対する怒りに変わる可能性もあります。失恋ソングによって悪く書き換えられた過去の出来事は、自分に対する不当な扱いとして認識されるようになるでしょう。そして第1章でみたように、怒りは自分が不当な扱いを受けているという評価です。また、怒りは不当な扱いをしてきた相手に対する反撃を促し、反撃をするための活力を生み出します。そうすると恨み節は、**怒りによって失恋から立ち直る力を与えてくれる**

と考えられます。

本章で提示した記憶の改変説をまとめると、「失恋ソングを聴いて思い出された交際や失恋の記憶は、歌詞の影響により悲しむべきものでなくなってしまっている」ということになります。こうした記憶の改変は歌詞の私物化によって起こるものであり、旅行や買い物といった他の気分転換とは異なる仕組みで失恋の傷を癒してくれるものだと言えます。

哲学の役割

記憶の改変説は以上ですが、ここで注目してほしいことがあります。それは、記憶の改変説は**実験によって正しいかどうかを検証できるようになっている**ことです。そしてこの点は、導入で述べた哲学の役割にも関係してきます。最後にその点を説明しましょう。

失恋で傷ついている人に協力してもらうのはなかなか大変ですが、そうした人に失恋ソングを聴かせ、記憶がどう変化したかを確かめるのは不可能ではありません。つまり、記憶心理学の研究対象となるということです。記憶の改変説が正しいかどうかに答えを出すのは、実験を行なう心理学者の役割だと言えます。哲学の研究が心理学にバトンタッチされるわけです。

本章は「失恋ソングは失恋の傷をどのように癒すのか」という、どう取り組んでいいかわからない問題を取り上げてきましたが、議論を進めることで、実験で検証できるレベルまで話を明確にしました。本書の導入で、哲学は研究手法や実験が確立されていない問題を検討する「成熟前の科学」だと述べましたが、本章の議論はまさにそうした哲学のやり方を示したと言えるでしょう。

ここで、導入で取り上げた「哲学には答えがない」という話に立ち戻りたいと思います。よく「哲学には答えがない」とか「哲学者は答えのない問題を扱っている」と言われたりしますが、実はそうではありません。**哲学に答えがないようにみえるのは、実験によって答えが出せそうなレベルになると、哲学ではなくなってしまうから**です。哲学の役割は、答えが出せそうなレベルまで問題を洗練させたり、仮説を提案したりする作業を行なうことで、実験によってそれに明確な答えを出すのが科学ということになります。哲学者と科学者はまったく無関係に研究しているのではなく、役割分担をしているだけなのです。

＊1　フィッシャーは運動と日光浴も良いと述べています。運動は、ドーパミン、セロトニン、エンドルフィンの分泌量を高め、多幸感と鎮静作用をもたらします。そして日光は体内リズムを整える脳の松果体を刺激し、気分を高めるそうです。そうすると、屋外での運動が一石二鳥ということになります（フィッシャー［二〇〇七］二八六～七頁）。

＊2　本章は源河（二〇二二b）を加筆・再構成したものです。

＊3　より詳しくは源河（二〇二一）第12講で取り上げたので、興味がある方はそちらを参照してください。ホラーに関するパラドックスを扱った他の興味深い本としては、戸田山（二〇一六）、キャロル（二〇二二）があります。

＊4　詳しくは、三浦洋によるアリストテレス（二〇一九）の解説を参照。

＊5　鈴木・星野（二〇一五）二七五～八頁を参照。そこでは前章で取り上げた「感情伝染」に注目した考えも紹介されています。悲しい楽曲からの伝染で聴き手が悲しくなって涙を流すと、プロラクチンが放出されてリラックス効果が得られるということです。

＊6　楽曲の「楽しさ」や「悲しさ」は、前章で説明した通りです。

＊7　Loftus and Palmer（1974）。この研究をまとめるにあたっては厳島ほか（二〇〇三）四七～八頁

を参考にしました。

＊8　太田・厳島（二〇一一）第1章。

＊9　この歌のテーマは遠距離恋愛の別れですが、この曲に共感するすべての人が遠距離恋愛をしているわけではありません。遠距離でなくとも、そこで歌われる言葉が自分の交際や失恋の記憶に影響するでしょう。

＊10　ここで提示した記憶の改変説は、スマッツの見解（Smuts 2011）と対立する可能性があります。スマッツは、人が悲しい歌を聴くのは、聴くことで生まれた悲しみが反省を促し、失ったものを適切に理解することができるからだと述べています。ですが、歌詞の言葉によって記憶が変化してしまう可能性を考慮すると、適切な理解ができるのかどうかに関して疑いが生まれるでしょう。

第9章

なぜラブソングは歌われ続けるのか

——対談 feat. 原田夏樹（evening cinema）

evening cinema

原田夏樹 (Vo)、山本和明 (Ba)、isoken(Gt)、石澤衛 (Dr) による東京を中心に活動するポップスバンド。70 〜 80 年代のシティポップや 90 年代の渋谷系サウンドを、彼らのフィルターを通して再構築したサウンドが特徴。その音は当時を知るリスナーにはどこか懐かしく、若い世代には初めて聴く音のように新鮮に響き、深掘り好きな音楽リスナーのファン層を着々と増やしている。今回、対談していただいた原田氏（写真：中央下）は作家として女性シンガーへの楽曲提供も多く、国内はもちろんタイや中国アーティストにも展開。また、インドネシア人 Youtuber の Rainych（レイニッチ）とは、松原みき「真夜中のドア／ Stay With Me」など 3 作品のアレンジで世界的ヒットに携わる。

言えない秘密抱きしめて　眠り続けるわ
夢の中　あなたから　花束を受け取るような妄想
癒えない消えない悲しみも　あなたとなら
分け合えるよね、たしかに

evening cinema／わがまま

ラブソングが多い理由が説明できない

——本日はどうぞよろしくお願いいたします。お二人は大学で同じ研究室だったそうですが、時期は重なっていたんですか（以降、——は編集部）。

源河：それが、そうではないんですよ。

原田：実は被っていなくて。僕が昔バイトしていた職場に源河さんの高校の同級生がいて、その人と僕が話していたときに、「どういう卒論を書いているの？」みたいな話をされて、それで片手にもっていたのが源河さんの本だったんですよ。で、同級生だよって言われて、そこから会わせてもらったという。

——あ、お会いしたことはあるんですか。

源河：はい。同級生の知り合いだと知る前に、僕はラジオでevening cinemaの曲が流れていたのを聴いていて。友人から話を聞いたときはバンド名を知っていたからびっくりして、「えっ、そんなことあるんだ」と思いました。その後、ゼミとは別で哲学書とか論文の検討会を一緒にやっていました。

――なるほど。そうした縁もあって今回の対談をオファーされたんですか。

源河：はい。以前に原田さんから、「僕はもうラブソングしか書かない」という話を聞いたことがあって。哲学の議論もできて、ラブソングにここまで思い入れのある原田さんとじっくり話せたら、本書を執筆しているなかでうまく答えの出せなかった疑問にも何か見えてくるものがあるかなと思って、オファーしたんです。確認なんだけど、今も原田さんはもうラブソングしか書かないと心に決めて？

原田：心に決めていますね。

――そうだったんですね。それじゃあさっそく源河さんが今一番気になっている質問を原田さんにぶつけてみてはいかがでしょうか。本書を執筆するうえで、「ラブソング」をさまざまな角度から分析していただいたと思います。そのなかで、いまだ解決できていない疑問はあったりしましたでしょうか。

源河：そうですね。やっぱりそれは、「なぜこんなにもラブソングが歌われているのか」ということです。

――おぉ、どストレートな質問ですね。

源河：音楽が何のために存在しているのか、っていう議論はよくあるんです。

きっかけになったのは、認知科学者のスティーブン・ピンカーが言った「音楽は聴覚のチーズケーキだ」という話です。ピンカーによると、音楽を作ったり楽しんだりする能力は進化によって獲得されたものではない。それは、チーズケーキを楽しむための仕組みが進化によって獲得されたものではないのと同じです。進化的に獲得されたのは糖分とか脂質とかを摂取したときに快楽を感じる仕組みで、チーズケーキはその仕組みを強く刺激するものとして後から人間が作り出したものです。音楽もそれと同じで、人間が進化によって獲得したのは、周囲の音を聴く、言語を使う、声から感情を察する能力とかで、音楽はそうした能力を強く刺激するものとして後から人間が作り出したんだ、と言ってるんです。

もちろん反対意見もあります。そもそも言語より前に歌があっただとか。音楽に関する能力は集団の結束を強めて生き残るために進化したものだとか[1]。

私自身はこの問題に関して明確な意見はないのですが、ただ、こうした議論では音楽や歌の内容には何も言われていないんです。「特定の種類の音楽がなぜあるのか」ではなく、一般的に「音楽がなぜあるのか」という話になっています。

では、なぜ音楽のなかでもラブソングが多いのか。「恋愛は共感を呼ぶから」という意見もありますよね。でも、共感できるもの、誰もが経験している物事なら、食事や睡眠や仕事など他にもたくさんあります。とすると、共感だけでラブソングが多い理由を説明するのは難しい。じゃあ、他にどんな理由があるのか、それがすごく気になっています。

人と人との関係が描ける

――なるほど。今回は歌い手であり、作り手である原田さんに来ていただいたので、作り手目線で聞いてみるのはいかがでしょう。原田さんはこれまでに多くのラブソングを出されていると思うんですが、ラブソングを書きたい、歌いたい理由はあったりするんでしょうか。

原田：対談のお話をいただいてから、あらためて考えてみました。僕の場合、初めて曲を書いたときは、そもそもラブソングを作ろうとは思ってなかったんですよ。いろいろ考えていたら、結果、それが一番良かったとしかいいようがなくて。なんかそうなっていたみたいな。たとえば、音楽を続けていって二～三曲たまってきた段階で歌詞を見直したら、「なんか恋愛だな……テーマ」みたいな感じだったんです。

でも、今は恋愛が人の内面を描くのに一番好都合だからと、僕的には思っています。人と人との関係を一番描きやすいというか。それが一番表れるのが恋愛という場なのかなと思って、今は書くようになってます。

源河：なるほど。みんなが経験しているというだけじゃなくて、人と人とのつながり。

原田：そうですね。でも、共感を呼ぶというのも確かにあると思いますね。

源河：「人と人との関係」というテーマが共感しやすい？

原田：うーん、そうではないかなあ。共感しやすいからというより、そういう人との関係性を描きたいというのがあって、恋愛というテーマがたぶん一番描きやすいよね、ぐらいだったんですよ。僕の場合は。なんで、これが果たして共感を呼びやすいテーマなのかと言われると、微妙なところですね。

恋愛をテーマに選ぶ理由

――少しいじわるな質問なんですが、人間関係を描くということでは、恋愛以外の関係もテーマにできますよね。友人とか職場の同僚とか。それでも、恋愛が一番描きやすいとか、興味深いとか思う理由は、原田さんのなかにあったりしますか。

原田：やっぱりそれは、無合理（第2章参照）の話じゃないですけど、一番人が人っぽくないことをするからという感じですかね。人っぽくないというか、合理的な振る舞いをしなくなるというか。たった一人じゃないですか。基本的にロマンティック・ラブって。そのたった一人に対してありったけの情熱を向けるのって、なんか合理的ではないなと思って。それは面白いですよね。描くテーマとしては。そういうことって他にあんまりない。ちょっと中毒とかと似た話になってくる気がします。

源河：でも「麻薬中毒になりたい」とかいう歌は、あんまりウケそうにないですよね。

原田：ウケないですよね。

源河：やっぱりそれは不合理だと思われちゃうのかな。

原田：うんうん。

源河：でも、愛の場合は変な行動をとってたとしても、それがおかしいとはならなくて、みんなそうだよねという感じになる。変なことしているけど、変な奴だと思われないですよね。恋愛って。麻薬やってたら合理的じゃない人だと思われちゃうけど。

――合理的がどうかを気にせずに熱中できて、ある程度社会で認められてもいる。そういうところは、他にない恋愛の特徴かもしれませんね。

源河：いや、ほんとそうですね。確かに。

歌はどうやってできあがるのか

――原田さんが歌を作るときは歌詞と楽曲どちらが先なんでしょうか。

原田：場合によるんですよね。歌詞から作っちゃうこともあれば、メロディを最初に作っちゃうこともありますし。けっこういろいろな作り方をしてます。でも、自分の曲じゃなくて、仕事として作曲してくださいとかっていうときは、圧倒的に楽曲が先ですね。

――曲を先に作るときは、歌のテーマみたいなものは先に決まっているんですか。ラブソングを作りたいからこういう音にしていくのか、それとも最初に心地の良いメロディができてから、次に歌詞を考えていくなかでテーマみたいなのも決まっていくのか。

原田：僕は後者ですかね。最初から全部決めちゃわないという感じです。はじめは、なんとなくの風景とか色とかみたいなものだけが、ボンヤリみえていて。書いていくうちに解像度が上がっていくみたいな感じっていうのかな。

源河：歌詞を作るときはどうですか。自分に言いたいことがあって、それを歌詞にする感じなのか。あるいは「こういう人に刺さりそう」みたいに、聴き手が好みそうなものから考えて書くのか。

原田：それで言うと、始めて一～二年目ぐらいは言いたいことといっぱいあった。でも、最近は、最初から言いたいことがあるというよりは、メロディとの関係で決まっていくことが多いかもしれないですね。他には、ワードだけがポンと浮かんできて、この言葉がはまるようなメロディに変えようとか、そういう感じですね。もちろんコンセプトありきで作ることもありますけど。

源河：なるほど。じゃあ、聴き手が「自分の気持ちを代わりに言ってくれたものだ」って感じることはあるけれど、作り手としては狙っているわけではない感じですか。どちらかといえば、偶然、聴き手が共感できるものになっていたみたいな。

原田：それはありますね。

源河：そうなんだ。

原田：この曲はこういうふうに解釈してくれないと嫌だとかって言う人もいますけど、僕はそういうのは気にならない。聴く人が決めればいいと思っています。狙って共感させているみたいなのはあんまりないですね。

他にはない歌の良さとは

――またいじわるな質問をしてしまうんですが、漫画にも恋愛漫画はたくさんあるし、小説にも恋愛小説があるし、映画にもやっぱりそういうものはありますよね。恋愛を通して人と人との関係を描く方法はたくさんあると思うのですが、原田さんは、歌で伝える良さを何に感じているんでしょうか。

原田：それはやっぱり多義的だからというのが大きいですね。どういう解釈もできるような伝え方が歌の場合だとできる。イメージがいろいろ湧いてくるというのが一番大きいんじゃないかなとは思いますね。

――そういえば関連する話が第7章にもありましたね。映像だと具体的に見えるがゆえに共感しにくくなることがあって、解釈の幅がある方が逆に受け取りやすいというお話。

源河：そうですね。演劇とか、ドラマだとどうしてもキャラクターがかなり固定される。こういう顔の人で、こういう性格で、名前はこうでとか、情報が多くて。はまればすごくいいんでしょうけど、はまりにくいこともありますね。反対に歌詞は、登場人物がどういう人かがあんまり書かれてないので、自分のものにしやすいところがある。

原田：あと、やっぱり曲との兼ね合いもあるので、たとえばすごく多幸感にあふれたアレンジのなかですごくネガティヴなことを言うと「このネガティヴな言葉は愛の裏返しなんだな」みたいに捉えたりもできるじゃないですか。そういうことができるのもですかね。

源河：なるほど。楽曲自体にも何か心の表現らしきものがあって、歌詞にもあって、その相互関係みたいなのが利用できるということかぁ。

原田：そうですね。

源河：確かに他のメディアだけだと難しいのかもしれない。複雑な気持ちを表すには音楽を合わせるのが良くて、映画とかでもＢＧＭを入れたりする。確かにそれは大事なことですね。楽曲自体も何か表しているという要素。なるほど。

誰かが聴いて初めて作品になる

――話が少し戻るんですが、先ほど多義的であることが歌の良さという話があったと思うんですが、原田さんはなぜいろいろな解釈を残しておきたいと思うのでしょうか。伝えたいことがあるとき、具体的に伝えた方が、聴き手にはそのメッセージがより明確に伝わるとも思って。それをあえて選ばずに、解釈の余地を残しておく理由があったらお聞きしてみたいです。

原田：うーん……そうですね。……これはたぶん私の趣味の問題だと思うんですけど、自分であんまり作品の幅を決めたくないのかもしれないです。いろいろな人が聴いて、いろいろな場面で聴いて、いろいろな感情で聴くことで、その一曲がもっている可能性が広がっていく感じというか。自分では言おうと思っていなかったふうに受け取られたときとか、けっこう面白いなと思うんですよね。

源河：面白いなというのは、どういう点が面白いんですか。それはある意味で誤解されたということでもあるような。

原田：あっ、たぶん誤解が好きなんだと思いますね。

源河：というと……どういうことなんでしょう。誤解であっても、その聴き手の想像力とか感受性とかを刺激したこと自体が良いって感じなのかな。

原田：うーん、どうなんだろう。作品が育っていく気がするからですかね。誤解とはいえ、成長している感じがする。作品の幅というか、作品の外縁《がいえん》が広がっていくイメージがなんとなくあるんですよね。

源河：あぁ、そうか。時代を超える芸術作品って、その時代その時代でいろいろな受け取られ方をするけど、それが大事なんじゃないかって話があったな。時代を超える作品は、一つの固定した解釈でずっと鑑賞され続けるわけじゃなくて、時代ごとに違った受け取られ方を許容するような懐の深さをもっているものなのかもしれない。やっぱりどう聴かれるかとセットで、作品はできあがるっていう感じなんですか。音の並びと言葉の並びを決めたところで完成というわけじゃなくて。

原田：とは思いますね。たとえばうちで一人で作って、誰にも聴かせないいい曲があったとして、それを作品と呼びたくない気持ちはあります。

源河：人前に出て、人が聴いたときに反応が生まれて初めてできあがったという。

原田：そういう感じはします。

聴き手は何を求めているか

源河：少しラブソングから話が逸れてしまいましたね。ここからは作り手側からみた聴き手のことをお聞きできればと思うんですが、率直に聴いている人は何を求めていると思いますか。たとえば evening cinema のリスナーは何を求めて、原田さんのラブソングを聴いていると感じる?

原田：「歌詞を聴いて感傷に浸る」という言い方がしっくりくるのかな。たぶん浸りたがっている人が多いような気がしますね。

源河：浸るって何なんですかね。

原田：ほんとに一部の人ですけど、ライブも毎回来てくれるみたいな人から「聴いていると辛くなるんです」って言われたことがあって。

源河：ええっ⁉　そうなの？

原田：「だけど、めっちゃいい曲ですよね」みたいな。たぶんその人はすごく自分を歌詞に投影してると思うんですよ。

源河：聴いていると辛くなるけど聴くんだ。投影、没入みたいな体験が特別な価値をもっているということなのかな。

原田：「なんかすごく胸のあたりが苦しくなるんですけど、それがいい曲ですよね」みたいなことも言われますね。

源河：芸術に没頭するのと似ているのかな。でも、苦しくなるってなんだろう。

――胸がキュッとなるというか。逃げたい苦しさとは違う苦しさな気がします。

原田：うんうん。わかります。

――聴き手はとくにどういう内容の歌に浸るといいますか、共感していることが多いんでしょうか。もちろん原田さんの実感でいいんですが、これまでに作られてきたなかで、こういう作品は聴き手からの反応が良かったなぁといったものはありますか。

原田：純粋に歌詞だけでいいよねって、聴いてくれた人が言ってくれる率が高いのは、たいてい障壁が描かれているというか。現在進行形の恋愛でハッピーです、みたいなのはあんまり。そもそもあまり作っていないってのもあるんですけど。あのときこうしていれば……みたいな感じの歌詞の方が評価される、歌詞として共感を呼ぶ気はなんとなくしていますね。

——一番を決めるのは大変だとは思うんですが、evning cinemaさんの曲でどれが一番障壁を描いていて、反応をもらったなぁという実感がありますか。

原田：何だろうな。うーん……《わがまま》っていう曲があるんですけど。

源河：いい曲だよね。

原田：あれも抽象的なことしか書いてなくて。歌詞も、悲しみとかも基本的に完全に他人とわかり合うことはできないけど、同じ経験を分け合うことはできるよね、みたいな感じの内容ですね（本章冒頭の引用を参照）。

日本にはどんなラブソングが多い？

源河：うまくいっている恋愛の歌詞ってあんまりない？

原田：とくにＪ-ＰＯＰ、日本の場合だと極端に少ない気はする。まったくないわけではないですけど、いま恋してます、すごく幸せですとか、あなたが好き一辺倒みたいな曲よりも、失恋ソングとか、悲しい感じの結末をそれこそ美化するような感じのものの方が圧倒的に日本は多い気がしてますね。とくに戦前のヒットソングとかみていると、そもそもラブソングがあんまりみられないですけど、たいてい失恋しているやつなんですよ。

源河：へえ。戦前の曲っていうとたとえば？

原田：古賀政男っていう昭和の大作曲家がいるんですけど、代表作に《影を慕いて》っていう曲があって。それは本当に売れた曲なんですけど、古賀さんの失恋して自殺しようとしたエピソードがもとになっているというすごい暗い歌なんです。昔はこんなんばっかで。それこそ高度経済成長の真ん中ぐらい、六〇年代半ばぐらいから、だんだん明るい歌が増えてきたのかなって、なんとなく思っています。

源河：そういえば、戦前ってそもそもロマンティック・ラブがまだ日本に広まっていない時期ですね。結婚も親とかが認めないとできなくて。戦後になってから結婚は当人同士の合意でというふうになった。だから、それ以前はそもそも恋愛結婚という発想があまりなかった。

原田：見合い結婚と恋愛結婚がひっくり返るのって、だいたいどの辺りなんですかね。

源河：高度経済成長期に逆転したというデータがあります。六五年とか、六六年あたりとかかな（図表８、１３２頁）。

原田：そこからやたら「あなたのためなら死ねる」みたいな曲がたくさん出てくるような気はしているんですよ。

――逆に恋愛結婚が基本になった今、こういうのがよく歌われるようになったとかあるんでしょうか。答えづらいとは思うんですが、肌感覚として。

原田：う〜ん……ここ二〇〜三〇年はわからなくなっちゃったというのが正直なところなんですが、絶望とか、切ないとか、悲壮感ちょっと漂わせるみたいなのが、日本はやっぱり多い気がしますね。海外、とくにアメリカの方があっけらかんと「彼女が好きだ」みたいなことを普通に歌っている気はします。

明治以降、海外の音楽が日本に入ってきて大衆音楽ができてくるなかで、演歌の方に行く流れと、海外のジャズとかを取り入れてポップスとして発展していく流れがあると僕は思っているんですけど、日本人的な感性のほう、やっぱり演歌にはすごく悲しい恋の歌が多いですよね。《津軽海峡・冬景色》とか。

――なるほど。そういえば、私は一時期、尾崎豊をよく聴いたんですけど、《I LOVE YOU》の歌詞に出てくる、二人のほの暗さに惹かれていた気がします。

障壁と物語

源河：やっぱり、ちょっとネガティヴなこと、暗いことを言っている方が受けるのかな。

原田：ここではないどこかみたいなものに憧れが強いのかも。もう手に入らないあの人への思いみたいな。和歌とかもそんな感じのものが多くないですか。

源河：確かに。切望かぁ。障壁みたいなものもあった方がいい？

原田：そうですね。まぁ、これはちょっと言いすぎかもしれないですけど、やっぱり恋愛ものって障壁がつきものじゃないですか。音楽に限らず。

源河：それはありますよね。障壁がないと物語にならない。普通にうまくいきましたでは、面白くするのがすごく難しい。

原田：僕は吉行淳之介という作家が好きなんですけど、あの人がエッセイで、愛というものは安定が続くと崩壊し、不安定であればあるほど燃え上がるような構造なのだ、みたいなことを言っていて、それは割と当てはまるのかなとは思いますね。

源河：恋愛でなんの障壁もなくうまくいった人はいるのかな。みんな何かに困るのか。

――うまく言えないんですが、無合理がゆえに悩むことは多いのかもしれません。合理的かどうかで判断できるものなら、たとえば恋人と会えないときは、その明確な理由があるだけで、すっと割り切れる気もします。

原田：確かに。

源河：そうですね。

――会いたい理由が説明できない。だから、他のことでうまくその気持ちを落ち着かせることもできなくて、相手に会うという方法でしか対処できない。結果、障壁が多くなりがちなのかもしれませんね。

源河：そうですね。確かにそうか。だから中毒とも似ているのかな。実際、恋愛したときの脳の働きって、麻薬中毒と同じような感じになっていたりもするので。

――それに今思ったんですが、そういえば、そうした恋愛の悩みとかって言葉にする機会が少なくないでしょうか。たとえばご飯がおいしかったとか、まずかったとかは割と気軽に話せると思うんですが、恋人に会いたいとかっていうのは人に言いづらい感じがして、どんどん自分のなかに溜まっていってしまう。どちらかと言えば。だからこそ、そんな気持ちに寄り添ってくれるラブソングを求めてしまう気もしました。

源河：言語化して整理したいんでしょうか。だけど、日常生活ではあまり機会がないのかもしれません。そこでラブソングが気持ちの整理をしてくれる。作詞の技術がある人の作った言葉が、聴き手自身よりも聴き手の気持ちをうまく言葉にしてくれているということかもしれません（第7章）。

ラブソングの広がり

源河：ちょっと話は変わるんですけど、そもそもラブソングって昔からすごくいっぱいあるけど、新しいテーマのものとかってあるんですかね。新しい愛のあり方みたいな。時代を反映して何か変わってきているものってあるんですか。

原田：ユーミンとかはけっこう新しかったんじゃないですかね。《守ってあげたい》とか。やっぱり当時は女の子があんまり言うことではなかった感じがするじゃないですか。だから、あの時代、八〇年代は転換期だったのかなとは思います。

——今、歌詞を調べてみたら、《守ってあげたい》はどちらかというと、好きが前に出ているんですね。ここまでの話では、日本のラブソングには切なさとか障壁が描かれていることが多いっていうお話でしたけど、逆に明るさや前向きな気持ちがストレートに表現された歌はあるんでしょうか。

源河：明るい歌かぁ。そう言われると、世代的に大塚愛の《さくらんぼ》が思い浮かびますね。あんまり困ってない感じがするというか。

原田：確かに。

源河：そういえば、ここまでの話ではネガティヴな気持ちのなかでも、悲しいとか寂しいとかっていう話が多かったけど、それとは少し違う嫉妬とかを原田さんは書いたりしないんですか。

原田：ああ。場合によってはという感じですね。

源河：他に怒りとかは？

原田：怒りはあんまり。書いたことは少なくともなくて。書く予定もないかな。

源河：やっぱり怒りをテーマにした恋愛の歌って少ないのかな。誰だろう。ミオヤマザキとか。あ、中島みゆきの《うらみ・ます》がありますね。あれ、途中で尺八の音まで入ってきてかなり演出がすごい。ただ、やっぱりネガティヴな要素を入れ込むにしても、怒りは扱いづらいんですかね。

――でも、私は嫉妬とか怒りとかの歌も聴くことがあるような。

源河：あ、そうなんですか。

――たとえば、yonige の《アボカド》っていう歌をよく聴いてたんですが、その曲ではサビで恋人だった人にアボカドを投げつけてて。失恋ソングではあると思うんですが、そこには怒りの感情もにじんでいる感じがします。あと、清竜人の《痛いよ》とかは男性の嫉妬心が歌われていたような。RADWIMPSの《五月の蝿》も解釈の仕方はいろいろあると思うんですが、歌詞はとても過激な言葉で憎しみが表現されていたと思います。

源河：なるほど。

恋愛で多様な感情を描ける

――こうやっていろんな曲を挙げてみると、ラブソングってたくさんの感情を扱うことができますね。冒頭で原田さんがラブソングを歌うのは「人間関係を描けるから」とおっしゃっていましたが、恋愛というテーマはそんな人間関係のなかで生まれてくる多様な感情を扱うことができる。恨みつらみも書ければ、悲しいも書けるし、楽しいも書ける。そういう意味で懐の広いものである気がしました。

源河：確かに、そうですね。恋愛って身近なテーマだけれども、広がりがいっぱいある。愛からいろいろなものが生まれるから。「毎日ご飯食べます」というテーマでこんなに広げるのは難しいというか。卒業ソングも「別れが悲しい」と「新しい希望」みたいな、二個しかないみたいな感じがします。

――やっぱりそういうのはありますね。他のテーマでいろいろな感情を描くのって難しそうだなという気が……。

原田：そうです。

源河：ああ、そうか。なんで愛を歌うのか、今、わかった気がします。みんな経験しているし、広がり方もいっぱいあるし。症候群みたいな考えと相性がいいのはそうなのか。いろいろな現れ方があって。必ずこういう現れ方するみたいなのがないから。恋をすると嬉しいこともつらいこともある。歌だと歌詞と曲の組み合わせでその複雑さが表現できる。それに、聴き手が自分で広げて自分に当てはめて聴くことができる。

　あと、時代ごとに愛のあり方も変わってくるので、そのつど違うことを歌う必要があるのかも。大雑把なテーマは「愛」でも、それぞれの時代で愛の内実は違っているので、ラブソングは時代ごとに新しい内容を歌っているのかもしれません。

＊1　ミズン（二〇〇六）、ピンカー（二〇一三）第8章、ウォーリンほか（二〇一三）、ジョルダーニア（二〇一七）。

第Ⅱ部　まとめ

第6章ではラブソングの楽曲を考察しました。楽曲のうちに愛のサインを聴き取るうえでは、喋り方との類似性が鍵となります。愛の優しさを感じさせる曲は、優しい気持ちにある人の喋り方と同じように、テンポがゆったりとして、音程の上下幅は少なく、全体的な音高は低い傾向にあります。私たち人間は他人の喋り方からその人の感情を推測する能力をもっていて、その能力が音楽を聴く場合にも働くことで、音の配列が心の状態のサインであるかのように聴こえてしまうのです。

ただし、楽曲に「単なる優しさ」ではなく「愛の優しさ」を聴き取るためには、背景情報との連合が必要です。人間が音の並びから聴き取れる心のサインは数種類しかなく、また、第Ⅰ部でみたように多様で複雑なあり方をしています。愛が顕在化した感情のサインは音響的特徴に反映されますが、潜在的な愛そのものは音響的特徴をもちません。そのため聴き手が楽曲に愛を感じるには、作曲の経緯や歌詞の言葉との連合が必要になります。

第7章ではラブソングの歌詞を考察しました。「なんとか覚え歌」というのがたくさんあるように、歌は知識を伝達するための非常に便利な道具です。言葉を音楽に乗せることで、音楽が言葉を思い出す手がかりになったり、単調な内容でも飽きずに反復して聴くことができたりするようになります。こうした歌の利点があることで、ラブソングは愛の概念を広めるための教材として機能します。吟遊詩人によって宮廷風恋愛が広められたように、それぞれの時代や文化の愛の概念はラブソングによって広められると考えられます。

歌詞のもう一つの特徴として「聴き手の気持ちの代弁」があります。歌詞は、聴き手自身では言語化できなかった心の状態に言葉を与え、混乱を解消してくれます。この特徴はラブソングにも当てはまるでしょう。恋に落ちると人は普通ではいられなくなり、混乱状態に陥ってしまいます。ですが、ラブソングの歌詞がその心の状態にぴったり合う言葉を与えてくれることで、混乱が解消されたり、自分が恋に落ちているという自覚が得られたりするのです。

第8章では失恋ソングの癒しの効果について検討しました。失恋ソングを聴くと自分の失恋が思い出され再び悲しくなりますが、それを上回るだけの癒しの効果があると考えられます。その効果は、先ほど挙げた混乱の解消もありますし、悲しみの身体状態が与えるリラックス効果もあります（涙が副交感神経を優位にする、など）。

こうした癒しの効果に加え、本書では「記憶の改変」に注目した考えを提示しました。失恋ソングを聴いて歌詞を私物化すると、自分の失恋が思い出されて悲しくなりますが、その歌詞は記憶を変化させ、交際期間を良い思い出に美化してしまいます。あるいは、恨みの失恋ソングの場合、その歌詞を私物化すると過去の記憶が悪いものに書き換わり、相手への執着が薄れたり、怒りの活力が得られたりします。

第9章は evening cinema の原田さんとの対談で、ラブソングの面白さがどこにあるかについて考えました。明確に理論化できたわけではありませんが、いくつか重要なヒントは得られたと思います。

まず、愛をテーマにする歌の面白さの一つは、愛が無合理な点にあるかもしれません。第3章でみたように、愛は生理学的には麻薬中毒と似ています。しかし、麻薬中毒は不合理とみなされるのに対し、愛は、第2章でみた通り、理屈では捉えられない無合理なものです。ラブソングは「合理的でないことが起きるが、不合理とはみなされない」愛を描く点に面白さがあるかもしれません。

また、多様な症状も愛の興味深い特徴です。第1章や第5章でみたように、愛はさまざまな感情や思考、行動を生み出すものです。そうした多様さ・複雑さは、楽曲と歌詞を組み合わせることで表現できます。また、歌は情報量が少なく多様な解釈を許容するものであるため、聴き手はラブソングを自分に重ねて聴くことができます。

ここからさらに、ラブソングは実は懐の広いものだということもわかります。一見ラブソングは、「愛」という一つのテーマしかない、内容が限定されているものに思われます。しかし、愛には多様な現れ方があるため、ラブソングを描くことで多様な人間のあり方を表現することができるのです。

あとがき

音楽に関する本を書くのは二冊目です。一冊目の『悲しい曲の何が悲しいのか』では、楽曲に焦点を合わせ、歌詞はまったく取り上げていませんでした。しかし、大半の人が「音楽」と聞いて思い浮かべるのは「歌」なので、いつか歌に関する本も書きたいと思っていました。

そんな折に、以前の担当編集者である田頭晃さんから「ラブソングを聴くと恋がしたくなるのか?」という本を書けないかとご依頼いただきました。歌に関する本を書きたかったことに加え、最近の愛の哲学が日本で十分に紹介されていないという事情もあったので、渡りに船とお引き受けしました。また、本書の導入で書いた通り、哲学は「知識の探究」であり、文系/理系の枠を超えたものなのですが、「愛」という巨大なテーマに多分野の研究を使って立ち向かった本書は、そうした「知識の探究」を示せたのではないかと思います。

最後に謝辞を。企画を立ち上げていただいた田頭さん、編集を引き継ぎ、また、対談の聞き手としても多大な貢献をしていただいた河合健太郎さん、家族社会学の基本文献を教えてくださった九州大学の同僚の藤田智子さん、いくつかの図のデザインを考えてくださった難波優輝さん、対談いただいた evening cinema の原田夏樹さんに感謝します。

岩波書店。

モレアム、シャロン（二〇一〇）『人はなぜSEXをするのか？——進化のための遺伝子の最新研究』、実川元子訳、アスペクト。

ヤーロム、マリリン（二〇〇六）『〈妻〉の歴史』、林ゆう子訳、慶應義塾大学出版会。

山田圭一（二〇一九）「人はＡＩと恋愛することができるのだろうか」、吉川孝ほか 編著『映画で考える生命環境倫理学』、勁草書房、八七〜一〇一頁。

山田昌弘（一九九四）『近代家族のゆくえ——家族と愛情のパラドックス』、新曜社。

————（一九九六）『結婚の社会学——未婚化・晩婚化はつづくのか』、丸善。

————（一九九九）『結婚不要社会』、朝日新聞出版。

ヤング、ラリー＆アレグザンダー、ブライアン（二〇一五）『性と愛の脳科学——新たな愛の物語』、坪子理美訳、中央公論新社。

弓削尚子（二〇二一）『はじめての西洋ジェンダー史——家族史からグローバル・ヒストリーまで』、山川出版社。

ライアン、クリストファー＆ジェタ、カシルダ（二〇一四）『性の進化論——女性のオルガスムは、なぜ霊長類にだけ発達したか？』山本規雄訳、作品社。

リンデン、Ｊ・デイヴィッド（二〇一四）『快感回路——なぜ気持ちいいのか なぜやめられないのか』、岩坂彰訳、河出書房新社。

レヴィティン、ダニエル・Ｊ（二〇一〇）『「歌」を語る——神経科学から見た音楽・脳・思考・文化』、山形浩生訳、スペースシャワーネットワーク。

安や抑うつの進化心理学』、加藤智子訳、草思社。

延江浩（二〇二一）『松本隆――言葉の教室』、マガジンハウス。

皆川達夫（二〇〇九）『中世・ルネサンスの音楽』、講談社。

村山達也（二〇二一）「『好きな人の特別な存在になる』ことの特別さ――相互的な愛の価値について」、『エモーション・スタディーズ』第六巻、二二〜三〇頁。

パウエル、ジョン（二〇一七）『ドビュッシーはワインを美味にするか？――音楽の心理学』、濱野大道訳、早川書房。

バス、デイヴィッド・M（二〇〇九）「愛の進化論」、スタンバーグほか編著『愛の心理学』、五五〜七四頁。

バレット、リサ・フェルドマン（二〇一九）『情動はこうしてつくられる――脳の隠れた働きと構成主義的情動理論』、高橋洋訳、紀伊國屋書店。

ヒューレット、ボニー（二〇二〇）『アフリカの森の女たち――文化・進化・発達の人類学』、服部志帆ほか訳、春風社。

ピンカー、スティーブン（二〇一三）『心の仕組み〈下〉』、山下篤子訳、筑摩書房。

フィッシャー、ヘレン（二〇〇七）『人はなぜ恋に落ちるのか？――恋と愛情と性欲の脳科学』、大野晶子訳、ヴィレッジブックス。

深海菊絵（二〇一五）『ポリアモリー――複数の愛を生きる』、平凡社。

藤田久美子（二〇二一）『松本隆のことばの力』、集英社インターナショナル。

フランク、R・H（一九九五）『オデッセウスの鎖――適応プログラムとしての感情』、山岸俊男監訳、サイエンス社。

プリンツ、ジェシー（二〇一六）『はらわたが煮えくりかえる――情動の身体知覚説』、源河亨訳、勁草書房。

ブレイク、エリザベス（二〇一九）『最小の結婚――結婚をめぐる法と道徳』、久保田裕之監訳、白澤社。

プロヴァイン、ロバート・R（二〇一三）『あくびはどうして伝染するのか――人間のおかしな行動を科学する』、赤松眞紀訳、青土社。

ヘンリック、ジョセフ（二〇一九）『文化がヒトを進化させた――人類の繁栄と〈文化‐遺伝子革命〉』、今西康子訳、白揚社。

増田聡（二〇〇六）『聴衆をつくる――音楽批評の解体文法』、青土社。

ミズン、スティーヴン（二〇〇六）『歌うネアンデルタール――音楽と言語から見るヒトの進化』、熊谷淳子訳、早川書房。

ミラー、ジェフリー・F（二〇〇二）『恋人選びの心Ⅰ』、長谷川眞理子訳、ジュスリン、パトリック・N（二〇〇八）「音楽演奏における感情伝達の概観とその理論構成」、P・N・ジュスリン＆J・A・スロボダ 編著『音楽と感情の心理学』、大串健吾ほか監訳、誠信書房、第8章。

ジョルダーニア、ジョーゼフ（二〇一七）『人間はなぜ歌うのか？——人類の進化における「うた」の起源』、森田稔訳、アルク出版企画。

スージー鈴木（二〇二一）『平成Jポップと令和歌謡』、彩流社。

スタンバーグ、R・J＆ヴァイス、K 編著（二〇〇九）『愛の心理学』、和田実・増田匡裕訳、北大路書房。

鈴木隆美（二〇一八）『恋愛制度、束縛の２５００年史——古代ギリシャ・ローマから現代日本まで』、光文社。

鈴木裕之（二〇一五）『恋する文化人類学者——結婚を通して異文化を理解する』、世界思想社。

鈴木涼子・星野悦子（二〇一五）「音楽の記憶」、星野悦子 編著『音楽心理学入門』、誠信書房、第一二章。

千田有紀（二〇一一）『日本型近代家族——どこから来てどこへ行くのか』、勁草書房。

竹村和子（二〇二一）『愛について——アイデンティティと欲望の政治学』、岩波書店。

田中多佳子（二〇〇八）『ヒンドゥー教徒の集団歌謡——神と人との連鎖構造』、世界思想社。

谷本奈穂（二〇〇八）『恋愛の社会学——「遊び」とロマンティック・ラブの変容』、青弓社。

中條千晴（二〇二一）「二一世紀のラブソング——現代日本ポップソングの恋愛表象についての一考察」、『現代思想』二〇二一年九月号、青土社、一八二〜九三頁。

戸田山和久（二〇一六）『恐怖の哲学——ホラーで人間を読む』、NHK出版。

渡名喜庸哲（二〇一九）「人型ロボットは愛することができるか」、吉川孝ほか 編著『映画で考える生命環境倫理学』、勁草書房、六五〜八五頁。

中内克昌（二〇〇九）『アキテーヌ公ギヨーム九世——最古のトルバドゥールの人と作品』、九州大学出版会。

西野カナ（二〇一四）『ＬＯＶＥ　ＳＴＯＲＹ』、講談社。

ネシー、ランドルフ・M（二〇二一）『なぜ心はこんなに脆いのか——不ギース、フランシス（二〇一七）『中世ヨーロッパの騎士』、椎野淳訳、講談社。

岸田直樹（二〇一二）『誰も教えてくれなかった「風邪」の診かた――重篤な疾患を見極める！』、医学書院。

北川純子 編著（一九九九）『鳴り響く性――日本のポピュラー音楽とジェンダー』、勁草書房。

ギデンズ、アンソニー（一九九五）『親密性の変容――近代社会におけるセクシュアリティ、愛情、エロティシズム』松尾精文・松川昭子訳、而立書房。

キャロル、ノエル（二〇二二）『ホラーの哲学――フィクションと感情をめぐるパラドックス』、高田敦史訳、フィルムアート社。

草刈章（二〇一〇）『かぜ症候群と合併症』、中山書店。

ケルシュ、ステファン（二〇二二）『GOOD VIBRATIONS 最高の体調をつくる音楽の活用法――免疫力・回復力を高める４つの力』、大黒達也監修、大山雅也訳、ヤマハミュージックエンタテインメントホールディングス。

源河亨（二〇一九）『悲しい曲の何が悲しいのか――音楽美学と心の哲学』慶應義塾大学出版会。

――――（二〇二一）『感情の哲学入門講義』慶應義塾大学出版会。

――――（二〇二二ａ）『「美味しい」とは何か――食からひもとく美学入門』、中央公論新社。

――――（二〇二二ｂ）「失恋ソングは失恋の傷をどのようにして癒してくれるのか？」、『哲学論文集』第五十八輯、一～一六頁。

ケンリック、ダグラス・T（二〇〇九）「愛についてのダイナミックな進化論的見方」、スタンバーグほか編著『愛の心理学』、一四～三〇頁。

小谷野敦（二〇〇八）『恋愛の昭和史』、文藝春秋。

西條玲奈（二〇一三）「性愛の対象としてのロボットをめぐる社会状況と倫理的懸念」、『社会と倫理』第二八号、三七～四九頁。

齋藤勝裕（二〇二一）『図解入門 よくわかる 最新 発酵の基本と仕組み』、秀和システム。

阪井裕一郎（二〇二一）『仲人の近代――見合い結婚の歴史社会学』、青弓社。

ジェームズ、ウィリアム（2020）「情動」、南條郁子訳、梅田聡・小嶋祥三（監修）『感情 ジェームズ／キャノン／ダマシオ』、岩波書店、三三～一〇二頁。

アリストテレス（二〇一九）『詩学』、三浦洋訳、光文社。

生駒忍（二〇一五）「音楽の記憶」、星野悦子 編著『音楽心理学入門』、誠信書房、第五章。

伊集院利明（二〇一八）『愛の哲学的構成』、晃洋書房。

伊東俊太郎（二〇〇六）『十二世紀ルネサンス』、講談社。

糸川昌成（二〇一六）「症候群としての統合失調症——生物学的研究からの再検討」、石原孝二ほか編著『精神医学の科学と哲学』、東京大学出版会、第六章、一三八〜一五一頁。

imdkm（二〇一九）『リズムから考えるＪ－ＰＯＰ史』、株式会社 blueprint。

厳島行雄ほか（二〇〇三）『目撃証言の心理学』北大路書房。

ウィトゲンシュタイン、ルートウィッヒ（二〇二〇）『哲学探究』、鬼界彰夫訳、講談社。

ヴィンター、エヤル（二〇一九）『愛と怒りの行動経済学——賢い人は感情で決める』青木創訳、早川書房。

植原亮（二〇一七）『自然主義入門——知識・道徳・人間本性をめぐる現代哲学ツアー』、勁草書房。

植村恒一郎ほか（二〇二二）『結婚の自由——「最小結婚」から考える』、現代書館。

ウォーリン、ニルス・Ｌほか（二〇一三）『音楽の起源〈上〉』、山本聡訳、人間と歴史社。

及川眠子（二〇一八）『ネコの手も貸したい——及川眠子流作詞術』、リットーミュージック。

太田信夫・厳島行雄 編著（二〇一一）『記憶と日常（現代の認知心理学２）』、北大路書房。

大畑浩志（二〇二一）「なぜ君でなくてはいけないのか——愛の対象の代替不可能性について」、『Contemporary and Applied Philosophy』第一三巻、一〇七〜一二三頁。

大平英樹 編著（二〇一〇）『感情心理学・入門』、有斐閣。

置田清和（二〇〇七）「ヒンドゥー教（１）ヒンドゥー教の成り立ち」、櫻井義秀・平藤喜久子 編著『よくわかる宗教学』、ミネルヴァ書房、七八〜九頁。

越智啓太（二〇一五）『恋愛の科学——出会いと別れをめぐる心理学』、実務教育出版。

落合恵美子（二〇一九）『21 世紀家族へ——家族の戦後体制の見かた・超えかた〔第４版〕』、有斐閣。

———（二〇二二）『近代家族とフェミニズム〔増補新版〕』、勁草書房。

Robinson, J. (2005) *Deeper Than Reason: Emotion and Its Role in Literature, Music, and Art*, Oxford University Press.

Rorty, A. (1986) "The Historicity of Psychological Attitudes: Love Is Not Love Which Alters Not When It Alteration Finds", *Midwest Studies in Philosophy* 10 (1):399-412.

——— (2016) "The Burdens of Love", *The Journal of Ethics* 20 (4): 341-354.

Schumacher, M (2003) *Crossroads: The Life and Music of Eric Clapton*, Citadel Press.

Smuts, A. (2011) " Rubber Ring: Why do we listen to sad songs? ", in Carroll, N. & Gibson, J. (eds.), *Narrative, Emotion, and Insight*, Penn State University Press, 131-153.

——— (2014a) "Normative Reasons for Love, Part I", *Philosophy Compass* 9/8: 507-517.

——— (2014b) "Normative Reasons for Love, Part II", *Philosophy Compass* 9/8: 518-526.

——— (2014c) "Is it Better to Love Better Things?", in T. Milligan, et al (eds.), *Love and Its Objects: What Can We Care For?*, Palgrave-Macmillan, 91-107.

Solomon, R. C. (2002) "Reasons for love", *Journal for the Theory of Social Behaviour* 32 (1): 1-28.

Velleman, J. D. (1999) "Love as a moral emotion", *Ethics* 109 (2): 338-374.

Walton, K. (2011/2015) "Thoughtwriting"---in Poetry and Music", in K. Walton (ed.), *In Other Shoes: Music, Metaphor, Empathy, Existence*, Oxford University Press, 54-74.

Wonderly, M. (2017) "Love and Attachment", *American Philosophical Quarterly* 54 (3): 232-250.

Zangwill, N. (2013) "Love: gloriously amoral and arational", *Philosophical Explorations* 16 (3): 298-314.

青田麻未（二〇二二）「アイドル楽曲の鑑賞と日常美学」、田島悠来 編著『アイドル・スタディーズ——研究のための視点、問い、方法』、明石書店、九一〜一〇三頁。

阿久悠（二〇〇九）『作詞入門——阿久式ヒット・ソングの技法』、岩波書店。

Jenkins, C. (2017) *What Love Is: And What It Could Be*, Basic Books.
——— (2022) *Sad Love: Romance and the Search for Meaning*, Polity.
Juslin, P. (2019) *Musical Emotions Explained*, Oxford University Press.
Juslin, P. and Laukka, P. (2003) "Communication of Emotions in Vocal Expression and Music Performance: Different Channels, Same Code?", *Psychological Bulletin* 129 (5): 770-814.
Kivy, P. (2002) *Introduction to a Philosophy of Music*, Clarendon Press.
Kolodny, N. (2003) "Love as Valuing a Relationship", *The Philosophical Review* 112 (2): 135-189.
Lazarus, R. S. (1991) *Emotion and Adaptation*, Oxford University Press.
Levinson, J. (1990) "Hope in The Hebrides", *in Music, Art, and Metaphysics: Essays in Philosophical Aesthetics*, 336-375, Cornell University Press.
Loftus E. F. and Palmer, J. C. (1974) "Reconstruction of automobile destruction: An example of the interaction between language and memory", *Journal of Verbal Learning and Verbal Behavior* 13 (5): 585-589.
McKeever, C. N. (2019) "What can we learn about romantic love from Harry Frankfurt's account of love?", *Journal of Ethics and Social Philosophy* 14 (3): 204-226.
Naar, H. (2013) "A Dispositional Theory of Love", *Pacific Philosophical Quarterly* 94 (3): 342-357.
——— (2017) "Subject Relative Reasons for Love", *Ratio* 30 (2):197-214.
Nussbaum, M. C. (1990) *Love's Knowledge: Essays on Philosophy And Literature*, Oxford University Press.
Pismenny, A. (2018) *The Syndrome of Romantic Love*, CUNY Academic Works. [https://academicworks.cuny.edu/gc_etds/2827]
Pismenny, A. and Prinz, J. (2017) "Is love an emotion?" , in Grau, C. & Smuts, A. (eds.), *Oxford Handbook of Philosophy of Love*, Oxford University Press.
Protasi, S. (2016) "Loving People for Who They Are (Even When They Don't Love You Back)", *European Journal of Philosophy* 24 (1): 214-234.
Ribeiro, A. C. (2013) "Heavenly Hurt: The Joy and Value of Sad Poetry", in J. Levinson (ed.), *Suffering Art Gladly: The Paradox of Negative Emotion in Art*, Palgrave Macmillan; 186-206.

参考文献

Abramson, K. and Leite, A. (2011) "Love as a Reactive Emotion", *The Philosophical Quarterly* 61 (245): 673-699.

Bagley, B. (2015) "Loving Someone in Particular", *Ethics* 125 (2): 477-507.

Bicknell, J. (2015) *Philosophy of Song and Singing: An Introduction*, Routledge.

Brogaard, B. (2015) *On Romantic Love: Simple Truths About a Complex Emotion*, Oxford University Press.

Carroll, N. (2019) "Love Songs", in Marin, A. R. (ed.) *The Routledge Handbook of Love in Philosophy*, Routledge, 242-251.

Dalia, D. (2016) "Is Love Based On Reasons?", *European Journal of Analytic Philosophy* 12 (1): 5-26.

Davies, S. (2011) *Musical Understandings: and Other Essays on the Philosophy of Music*, Oxford University Press.

de Sousa, R. (2015) *Love: A Very Short Introduction*, Oxford University Press.

Fedock, R. et al. (eds) (2020) *Love, Justice, and Autonomy*, Routledge.

Frankfurt, H. G. (2004) *The Reasons of Love*, Princeton University Press.

Fritz, T. et al. (2009) "Universal Recognition of Three Basic Emotions in Music", *Current Biology* 19: 573-576.

Goldie, P. (2010) "Love for a Reason", *Emotion Review* 2 (1): 61-67.

Gracyk, T. (2007) *Listening to Popular Music: Or, How I Learned to Stop Worrying and Love Led Zeppelin*, University of Michigan Press.

Grau, C. (2010) "Love and History", *Southern Journal of Philosophy* 48 (3): 246-271.

Han, Y. (2021) "Do We Love For Reasons?", *Philosophy and Phenomenological Research* 102 (1): 106-126.

Helm, B (2021) "Love", *Stanford Encyclopedia of Philosophy*. [https://plato.stanford.edu/entries/love/]

Huron, D. and Davis, M. J. (2012) “The Harmonic Minor Scale Provides an Optimum Way of Reducing Average Melodic Interval Size, Consistent with Sad Affect Cues”, *Empirical Musicology Review* 7 (3-4); 103-117.

源河亨（げんかとおる）

1985年、沖縄県生まれ。2016年に慶應義塾大学で博士号（哲学）を取得。’21年より九州大学大学院比較社会文化研究院講師。専門は、心の哲学、美学。著作に、『知覚と判断の境界線――「知覚の哲学」基本と応用』『悲しい曲の何が悲しいのか――音楽美学と心の哲学』、『感情の哲学入門講義』（以上、慶應義塾大学出版会）、『「美味《おい》しい」とは何か――食からひもとく美学入門』（中公新書）。

愛《あい》とラブソングの哲学《てつがく》

2023年10月30日初版1刷発行

著　者 ―― 源河亨
発行者 ―― 三宅貴久
装　幀 ―― アラン・チャン
印刷所 ―― 堀内印刷
製本所 ―― 国宝社
発行所 ―― 株式会社光文社
東京都文京区音羽1-16-6(〒112-8011)
https://www.kobunsha.com/
電　話 ―― 編集部03(5395)8289 書籍販売部03(5395)8116
業務部03(5395)8125
メール ―― sinsyo@kobunsha.com

 ISBN 978-4-334-10089-6

光文社新書

1245
リスキリングは経営課題
日本企業の「学びとキャリア」考

小林祐児

急速に取り組みが進む、知識やスキルの学び直し「リスキリング」を阻む、日本企業特有の構造とは何か。大人が世界一学ばない国・日本における学び方、働き方の新たな仕組みを考える。

978-4-334-04652-1

1246
宇宙ベンチャーの時代
経営の視点で読む宇宙開発

小松伸多佳　後藤大亮

宇宙開発は民間企業がイニシアティブをとる「ビジネス」として生まれ変わりつつある。ベンチャー・キャピタリストとJAXAのエンジニアが企業経営とサイエンスの観点から展望する。

978-4-334-04653-8

1247
東大生、教育格差を学ぶ

松岡亮二　髙橋史子
中村高康　編著

地域・性別・社会階層など本人が変えることのできない「生まれ」によって学力や学歴などに差がうまれる「教育格差」を、東大生38人はどう捉えるか。白熱ゼミの模様を新書化。

978-4-334-04654-5

1248
90歳までに使い切る
お金の賢い減らし方

大江英樹

「貯める・増やす」の呪縛、「老後不安」という物語に振り回されず、価値ある使い方をすることで人生を豊かに生きる方法とは。お金の本質を掘り下げ、日本人のお金観に一石を投じる。

978-4-334-04655-2

1249
大人のマナー術

辛酸なめ子

コロナ禍の限られた人付き合いで、辛酸さんのマナー感覚は危機的状況に。一念発起、よりよい人間関係のヒントを学びます。今こそ読みたい、避けられないコミュニケーションへの処方箋！

978-4-334-04656-9

光文社新書

1250
会社のなかの「仕事」社会のなかの「仕事」
資本主義経済下の職業の考え方

阿部真大

際限のない「超」長時間労働、蔓延するやりがい搾取、働き手を蝕む過剰サービス。日本人の働き方は、どうすれば変えられるのか？　疲弊した日本経済に「職業の社会学」が新たな地平を拓く。

978-4-334-04657-6

1251
山本五十六、最期の15日間
歴史に埋もれた「幻の3番機」

池田遼太
〈語り〉青木藏男

「私は1943年4月18日、米軍に撃墜された長官機の後ろを飛んでいました」。99歳の元搭乗員が明かす、山本五十六の戦死の真相。日本海軍の頂点と地べたが交わる戦場ノンフィクション。

978-4-334-04658-3

1252
再考　ファスト風土化する日本
変貌する地方と郊外の未来

三浦展

全国各地のロードサイドに同じような商業施設が建ち並ぶ「ファスト風土化」によって、郊外とそこに暮らす人々の意識はどう変わったか。小説家、建築家、研究者ら13名の論考を収録。

978-4-334-04659-0

1253
コミュ力は「副詞」で決まる

石黒圭

「めっちゃ」「やっぱり」「じつは」「なるほど」「せっかく」「あいにく」「おかげさまで」…etc. 気持ちを効果的に伝える最強の助っ人「副詞」、その分類と機能を知り、使い方の勘所を学ぶ。

978-4-334-04660-6

1254
阪神タイガースはなんで優勝でけへんのや？

喜瀬雅則

歴史　看板　風土　戦略　育成　苦悩　誤解　派閥　そして「アレ」――9つの枠組で分析する優勝が遠のく理由。阪神ファンの元番記者だから書けた「新・阪神タイガース論」。

978-4-334-04661-3

光文社新書

1255
定年前と定年後の働き方
サードエイジを生きる思考
石山恒貴

定年前と定年後の働き方は、個人の思考ひとつで大きく変わる――。この時期を、どう働き、どう過ごし、どう生きるのか。幸福な働き方を実現する思考法を、研究理論と実例から探る。

978-4-334-04662-0

1256
編集者の読書論
面白い本の見つけ方、教えます
駒井稔

古典新訳文庫創刊編集長が綴《つづ》る気取らぬ読書論。話題は海外の書店や出版社、作家、歴史的人物、古典、短編、児童書へと縦横無尽に広がり、未読の本の存在にわくわくすること間違いなし！

978-4-334-04663-7

1257
超遺伝子《スーパージーン》
藤原晴彦

生き物の不思議を司る超遺伝子。メスの一部だけが擬態するナガサキアゲハなど、ダーウィンとウォレスが残した謎を解き明かして見えてきた、遺伝学の新たなフロンティアに迫る。

978-4-334-04664-4

1258
理想の職場マネージメント
一軍監督の仕事
髙津臣吾

個性豊かな選手がひとつの方向を向くチームをつくるには？セ・リーグ連覇、交流戦優勝、ゆとりローテーション、言葉の力――球界に革新を起こす名将が自らのマネージメント手法を語る。

978-4-334-04665-1

1259
参議院
倉山満

参議院を制する者が日本の政治を制する――。参議院とはいかなる存在なのか。誕生の背景から歴代政権のスタンス、そして現代日本政治まで、憲法学、政治学、歴史学の視点で検証。

978-4-334-04666-8

光文社新書

1260
東大生のジレンマ
エリートと最高学府の変容
中村正史

急増する休学者に、急進的な起業志向――保守的なはずの東大で、あえて「レール」を踏み外す学生が増えている理由とは？ 激変する東大と東大生の「今」を、当事者たちの声が浮き彫りにする。

978-4-334-04667-5

1261
宇宙・0・無限大
谷口義明

私たちの想像が及ばないほど広大な宇宙は無限の大きさを持つのか。また、この宇宙に0となる物理量は存在するのか。シンプルながらも深遠な問いに天文学者が果敢に挑む一冊。

978-4-334-04668-2

1262
世界視点で読む
企業戦略とアート
上坂真人

なぜ世界のトップ企業は事業としてアートに投資するのか。日本には何が欠けているのか。ビジネスとしてのアートの役割と活用法を、豊富な事例とデータから分析・提言する。

978-4-334-04669-9

1263
教養を磨く
宇宙論、歴史観から、話術、人間力まで
田坂広志

哲学の究極の問い／「運命」とは何か／「人生百年時代」の覚悟／「死」とは何か／二一世紀の「利他主義」――教養とは答えの無い問いを問い続ける力。21世紀の「新たな教養」論。

978-4-334-04670-5

1264
戦時下のウクライナを歩く
岡野直

突如始まったロシアによるウクライナ侵攻。破壊された街で、失われた日常に、そこに生きる人たちは何を思うのか。ジャーナリストが歩いて、見て、聞いた、市民による〝戦い〟の記録。

978-4-334-04671-2

1265
アフガニスタンの素顔
「文明の十字路」の肖像
青木健太

カブール陥落から2年――タリバン統治の実態は？ 女性の権利は？ 和平実現への道筋は？ そして日本が果たすべき役割は？ 激変するアフガニスタン社会を広く深くリポート。

978-4-334-04672-9

1266
生理痛は病気です
邱紅梅

「我慢してやり過ごす」はNG！ 日本女性の生理が社会の犠牲になっていること、その先に待ち受けるリスクを解説。原因を根本から解決する「養生」の方法を中医学をベースに伝える。

978-4-334-04673-6

1267
ＣｈａｔＧＰＴの全貌
何がすごくて、何が危険なのか？
岡嶋裕史

ＣｈａｔＧＰＴと上手に付き合う方法を学び、その能力を最大限引き出すには？ 基礎知識からクリエイティビティ、今後の進化、人類の未来への影響までわかりやすく解説。

978-4-334-10013-1

1268
アートとフェミニズムは誰のもの？
村上由鶴

「みんなのもの」になろうとするエネルギーを持っているアートとフェミニズム。両者に対する理解の断絶が進んでいる現在の状況に風穴を開けるには？ 美学研究者による新しい試み。

978-4-334-10014-8

1269
不自由な社会で自由に生きる
「自由論」講義録
ウスビ・サコ編

社会は自由なように見えて、昔も今も違う形で不自由だ。宗教、表現、芸術、性、公共、そして私自身――。私たちを縛るものを知り、自由をつかみとるための8つのレッスン。

978-4-334-10015-5

光文社新書

1270

まんが 押川先生、「抗がん剤は危ない」って本当ですか？

押川勝太郎　おちゃずけ

怖いのは、闘う相手の正体を知らないから――治療の不安、医師との関係、お金、患者会、食事、周囲の人の心得など様々な疑問に、YouTubeで活躍の腫瘍内科医がまんがで答えます。

978-4-334-10016-2

1271

結婚しても一人
自分の人生を生ききる

下重暁子

しょせん、夫婦は他人――。大事なことは「求めない」「期待しない」etc. 夫婦がストレスなく暮らしていくためのヒントとは。50年続いた結婚生活と87年の人生を振り返りながら綴る。

978-4-334-10017-9

1272

日本のコミュニケーションを診る
遠慮・建前・気疲れ社会

パントー・フランチェスコ

本音と建前、過剰な遠慮、「キャラ」の空疎な会話。『アニメ療法《セラピー》』著者のイタリア人精神科医が、日本社会の独特なコミュニケーションによって心身を害する危険性に警鐘を鳴らす。

978-4-334-10066-7

1273

新書100冊
視野を広げる読書

高橋昌一郎

いま、何を読んでおくべきなのか？　今日のニュースの背景から、あの学問の最先端まで。多彩な分野のエッセンスを、この1冊に凝縮。「知」の足場を築くための珠玉のブックガイド。

978-4-334-10067-4

1274

恋愛結婚の終焉

牛窪恵

恋人は欲しくない？　恋愛は面倒？――でも、結婚はしたい!?改善されない未婚化と少子化の真の原因はどこにあるのか。昭和の常識から脱却し、「共創結婚」の重要性を検証・提案する。

978-4-334-10068-1